NICCOLÒ MACHIAVELLI

IL PRINCIPE

E ALTRI SCRITTI MINORI

A CURA DI

MICHELE SCHERILLO

Precede una lettera di S. E. ANTONIO SALANDRA

ULRICO HOEPLI ❧ MILANO
EDITORE LIBRAIO DELLA REAL CASA

Niccolò Machiavelli
Segretario della Rep. Fiorentina

군주론

니콜로 마키아벨리 지음 | 이시연 옮김

더스토리

- 1453년 이후 이탈리아는 5대 강국의 각축장이었다. 밀라노 공국, 베네치아 공화국, 피렌체 공화국, 나폴리 왕국, 교황령은 서로를 공격하고 견제했다.
- 그러자 외국이 이탈리아를 노렸다. 1494년부터 프랑스 왕국, 에스파냐 왕국, 신성로마 제국이 이탈리아 땅의 소유권을 주장하며 수차례 침략했다.
- 마키아벨리는 외세에 시달리는 이탈리아인으로서 강력한 통일 군주가 나와주기를 바라며 《군주론》을 썼다.

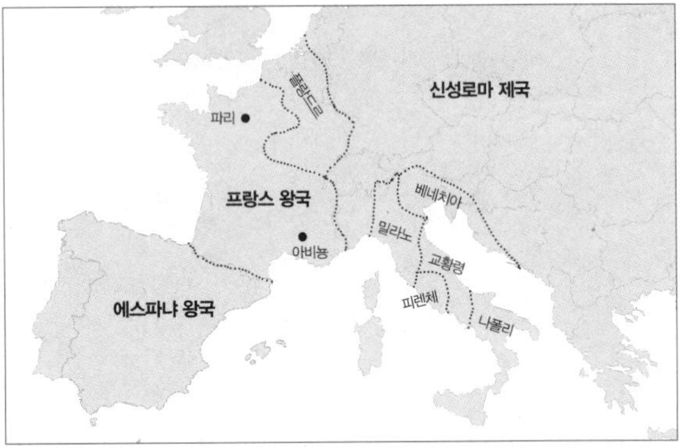

베네치아 공화국
롬바르디아
토리노
밀라노
마도바
베네치아
만토바
아스티
밀라노 공국
페라라
볼로냐
제노바
피사
피렌체
피렌체 공화국
우르비노
시에나
교황령
아드리아 해
코르시카
로마
나폴리 왕국
나폴리
사르데냐
티레니아 해
이오니아 해
메시나
시칠리아
시라쿠사

차례

| **헌사** |

니콜로 마키아벨리가 위대한 로렌초 데 메디치* 전하께 올리는 글

군주의 총애를 얻고자 하는 사람들은 그들이 가진 것들 중에서 가장 귀중한 것이나 군주가 가장 기뻐할 것이라 여기는 것을 가지고 군주를 뵙는 것이 관례입니다. 그리하여 군주는 말, 무기, 금으로 수놓은 천, 보석 그리고 군주의 위엄에 어울리는 장신구들을 종종 선물로 받고는 합니다.

저 또한 전하에 대한 충성심의 표시로 무엇인가를 드리고 싶었습니다. 그러나 제가 가진 것 중에서는 동시대에 일어난 사건들과 관련해 지속적으로 쌓인 지식**과, 고대사를 꾸준히 연구해서 깨달은 위대한 인물들의 업적에 대한 지식보다 더 소중하고 가치 있는 것은 없다는 점을 알게 되었습니다. 저는 이런 업적들에 오랜 시간 관심을 기울였고, 연구를 거듭했습니다. 이제 저는 그 결과물을 한 권의 작은 책자로 정리하여 전하께 바치려고 합니다.

이 책이 전하께 바치기에는 많이 부족합니다. 그럼에도 불구하고 이 책을 바치는 이유는 수년간 위험과 역경을 겪으며 그 속에서 제가 배웠던 것을 전하께서 이해하실 수 있도록 적어 내려간 이 소박한 선물보다 더 값진 것은 없을 것이라 생각하기 때문입니다. 자비로운 전하께서 이것을 제가 바칠 수 있는 최고의 선물이라 여기고 받아주실 것이라 믿습니다.

저는 이 글을 꾸미지 않았습니다. 많은 사람들이 흔히 그러듯 자신들이 다루는 주제를 묘사하고 꾸미기 위해 과장된 구절이나 고상하고 화려한 단어를 사용하고 다른 수식이나 불필요한 기교를 사용하는 장식적이고 고상한 문장을 사용하지 않았습니다. 왜냐하면 저의 글은 오직 다양한 사례와 진지한 내용으로 구성되어 있을 때에만 돋보이고 존중받을 것이기 때문입니다.

신분이 낮고 비천한 자가 감히 군주의 통치를 논하고

그와 관련한 지침을 제시하는 것이 주제넘게 여겨지지 않기를 바랍니다. 풍경을 그리려는 사람이라면 응당, 산맥과 다른 높은 고지대의 특징을 파악하기 위해서는 낮은 곳으로 가고, 평원을 살펴보기 위해서는 산꼭대기로 올라가기 때문입니다. 이와 마찬가지로 백성의 성격을 잘 파악하기 위해서는 군주가 되어야만 하고, 군주의 본성을 잘 이해하기 위해서는 백성이 되어야만 하는 것입니다.

그러므로 전하께서는 저의 뜻을 헤아리시어 부디 이 작은 선물을 받아주십시오. 제가 드리는 이 책을 꼼꼼하게 읽고 깊이 성찰하신다면, 전하께서 운명(fortuna)과 전하의 탁월한 자질(virtù)로 위대한 과업을 성취해내셔야 한다는 저의 가장 간절한 소망을 헤아리시게 될 것입니다. 그리고 만약 전하께서 계신 높은 곳에서 때때로 이 낮은 곳에 눈을 돌리신다면, 제가 잔혹하고 계속되는 불운으로 인해 부당한 고통을 겪고 있음을 아시게 될 것입니다.

＊'위대한 로렌초'가 아니라, 손자 로렌초!

단테와 보카치오를 배출해서 르네상스의 싹을 틔웠던 피렌체, 그 피렌체를 지배했던 가문이 메디치Medici다. 평범한 중산층이었다가 금융업으로 서서히 재력을 쌓았고, 코시모 데 메디치Cosimo de' Medici(1389~1464) 때 전 유럽을 주름잡는 금융 왕국이 되었다.

코시모는 막대한 재산과 영향력이 있어도 상인에 불과했는데, 그의 손자 로렌초 데 메디치Lorenzo de' Medici(1449~1492)가 비로소 메디치가를 군주의 가문으로 격상시켰다. 특히 그는 강력한 통치력으로 피렌체를 최전성기로 이끌어서 '로렌초 일 마니피코Lorenzo il Magnifico(위대한 자, 로렌초)'로 불렸다.

또 다른 특이점은 그가 메디치가를 교황청에도 진출시켰다는 것이다. 1478년 라이벌 파치 가문의 습격에 동생 줄리아노가 죽는 사건이 발생하고 배후에 교황(식스투스 4세)이 관여되어 있자, 둘째 아들 조반니 데 메디치Giovanni de' Medici(1475~1521)를 추기경으로서 교황청에 입성시켰다. '신의 대리인'에게 반기를 들

수는 없으니까 조금씩 영향력을 넓히는 전략을 생각했던 것이다.

그런데 1492년 로렌초 일 마니피코가 갑자기 병으로 죽었다. 그가 죽자 메디치의 이름도 피렌체에서 한동안 사라졌는데, 문제는 피렌체도 풍전등화의 신세가 되어버린 것이었다. 1494년 프랑스가 침략해오는데, 그의 장남 피에로 데 메디치Piero de' Medici(1471~1503)가 굴욕적으로 항복해버리고 피렌체인의 분노를 피해 망명해버린 것이다.

1512년에야 셋째인 줄리아노 데 메디치Giuliano de' Medici(1479~1516)가 돌아와 재집권했다. 형인 조반니 추기경이 교황청에서 입지를 다져서 교황 율리우스 2세의 지원을 받은 덕분이었는데, 이듬해 형이 아예 교황 레오 10세로 추대되자 형을 따라 교황청으로 들어가며 조카에게 피렌체의 권력을 넘겨주었다. 그래서 1513년 로렌초 디 피에로 데 메디치Lorenzo di Piero de' Medici(1492~1519. 로렌초 일 마니피코의 손자. 큰형 피에로의 아들)가 피렌체의 군주가 되었다.

마키아벨리는 메디치가가 피렌체에서 추방당해 있

을 때 공직 생활을 시작해서 공화정 정부를 위해 열심히 일했다. 그 죄(!)로 줄리아노가 귀국하며 반反메디치 세력으로 몰려서 고문을 당하고 감옥에 갇혔다. 그랬는데 '위대한 로렌초의 아들'이 교황으로 즉위하고 '위대한 로렌초의 손자'가 새 군주가 되면서 특별사면을 받았다. 그때부터 마키아벨리는 새 군주에게 바칠 요량으로《군주론》을 쓰기 시작했으니, 평생 외교관으로 살며 깨우친 지식과 성찰이 피렌체의 운명을 밝게 만들어주기를 바라는 충정을 담았음은 물론이고, 이 책이 자신의 앞날까지 밝게 만들어주기를 바라는 소망까지 담았다.

** 피렌체의 외교관 마키아벨리는 무엇을 목격했나?

코시모 데 메디치가 바티칸 교황청을 전폭적으로 지원하고 각종 문화 예술 후원에 앞장서는 등 국제적 명성을 쌓아 외교 무대의 막후 실세로 등극하자, 피렌체도 덩달아서 강국으로 부상했다. 그래서 1453년 로디Lodi 조약 이후로 이탈리아 반도는 5대 강국(피렌체 공화국, 베네치아 공화국, 밀라노 공국, 나폴리 왕국, 교황령)이 대등하게 경쟁하는 구도가 되었다.

그런데 1494년 주변 강국(프랑스 왕국, 에스파냐 왕국, 신성로마제국)이 끼어들며 이탈리아 반도는 전쟁의 소용돌이에 휘말렸다. 나폴리의 왕이 죽었는데, 교황청이 에스파냐계 후계자를 인정한 상태에서 프랑스가 '나폴리 왕위는 내 것'이라고 주장하고 나섰고, 이런 프랑스를 밀라노가 부추겼고, 새 교황마저 영토 쟁탈전에 뛰어들 의지를 분명히 내비쳤다. 결국 그해 9월 프랑스 왕 샤를 8세가 알프스를 넘으면서 이탈리아 반도가 수십 년간 밀고 밀리는 전투로 얼룩지게 된 것이다. (그래서 역사가 구이치아르디니는 1494년을 '비참한 시대의 첫해'라고 불렀다.)

그 와중에 가장 시달린 나라가 피렌체였다. 교황청이나 나폴리로 내려가는 길목인데다가, 재력은 풍부한데 군대가 없으니 만만했고, 무엇보다도 강력한 통치자가 부재했기 때문이었다. 국운이 풍전등화인 그 시점에 피렌체를 살려내려고 강대국 사이를 필사적으로 오갔던 외교관이 바로 마키아벨리였으니, 그는 국제 정치의 민낯을 그야말로 낱낱이 보았다.

제 1 장

군주국의 다양한 종류와 그 획득 방법들

인간에 대해 지배권을 가졌거나 가지고 있는 모든 국가(stato) 및 모든 통치체제(dominio)는, 과거는 물론 지금까지도 공화국 아니면 군주국이었습니다.

군주국은 통치자가 몇 대에 걸쳐 오랫동안 같은 가문으로부터 내려오는 세습 군주국이거나 신생 군주국입니다.

신생 군주국은 프란체스코 스포르차가 통치하는 밀라노*처럼 완전히 새롭게 탄생한 군주국이거나, 에스파냐 왕이 통치하는 나폴리 왕국**처럼 기존의 세습 군주국의 군주에게 정복당해 그 일부로 새로 편입된 군주국입니다. 이런 방식으로 편입된 영토는 군주의 통치를 받으며 사는 데에 익숙한 곳과, 그와는 반대로 자유롭게 사는 데에 익숙한 곳[1]으로 구분할 수 있습니다.

그리고 그러한 영토를 획득하는 방법에는 타인의 무력을 이용하는 경우와 자신의 무력을 사용하는 경우가 있으며, 운명(fortuna)에 의한 경우와 역량(virtù)에 의한 경우***가 있습니다.

---

1 공화국

* 프란체스코 스포르차, 힘으로 밀라노의 공작이 되다

무초 아텐돌로 스포르차Muzio Attendolo Sforza(1369~1424)는 나폴리 왕국 조반니 여왕에게 고용되어 싸우다가 배신한 적이 있는 용병대장이었다.

프란체스코 스포르차Francesco Sforza(1401~1466)는 그의 서자로 태어나 군인으로 훈련받고 아버지의 용병부대를 물려받았다. 밀라노 공작 필리포 비스콘티Filippo Maria Visconti에게 고용되었다가 그 서녀와 결혼하며 두각을 나타내기 시작했다.

그런데 1447년 필리포 공작이 죽자 밀라노인들이 공화국 선포를 꾀하면서 그를 총사령관으로 추대했다가, 나중에 그를 따돌려버렸다. 이에 프란체스코 스포르차는 즉각 외국 군대를 이끌고 밀라노 공화국을 공격했고, 1450년 밀라노 공작으로 등극했다. 이후 1세기 동안 밀라노는 스포르차 가문이 지배했다.

프란체스코 스포르차가 신생 군주국을 세우는 과정에서 자기 이익을 위해 기꺼이 편을 바꾸고 조국을 공격하는 모습을 보였기 때문에, 마키아벨리는 그의 역량을

'기만과 배신'이라고 말했다.

** 나폴리의 왕위는 프랑스 것인가, 에스파냐 것인가

나폴리 지역은 한때 '프랑스 앙주 가문'의 지배를 받았는데, 1443년 이베리아반도의 '에스파냐 왕국 아라곤'의 알폰소 5세에게 정복되면서 시칠리아 왕국으로 편입되었다. 이후 줄곧 아라곤 왕국의 지배를 받았으니, 당시에는 페르난도 2세Fernando II(1452~1516)[1]의 영향력 아래 있었다.

그래서 1494년 나폴리의 새로운 왕위계승자로 아라곤 왕국의 알폰소 2세 왕자가 지목되었을 때, 프랑스의 샤를 8세가 이의를 제기했다. 하지만 교황청은 나폴리 왕가와의 혼담을 추진하느라 알폰소 2세 추인을 강행했다. 이때 조카(외가가 나폴리 왕가)를 밀어내고 밀라노

1 아라곤 왕국에서는 페르난도 2세, 카스티야 왕국에서는 페르난도 5세, 나폴리 왕국에서는 페르디난도 3세, 시칠리아 왕국에서는 페르디난도 2세로 불렸다. 242쪽 참고.

의 공작이 되려 하던 루도비코 스포르차가 프랑스를 부추겼다.

*** 포르투나(운명의 여신)가 따르거나, 비르투(능력)가 있거나!

포르투나fortuna(운명, 운, 운명의 여신)는 인간이 예측할 수 없는 거대한 힘이고, 비르투virtù(용기, 역량)는 그 운명을 거스르는 대항적 힘이다.

마키아벨리는 "성공한 군주가 되려면 운이 따르거나, 능력이 있어야 한다"라고 말한 것이다.

제 2 장

세습 군주국

공화국에 대한 논의는 다른 책[1]에서 충분히 논의한 바가 있기 때문에 여기에서는 다루지 않겠습니다. 지금부터는 오직 군주국에 대해서만 고려하려고 합니다. 즉, 앞에서 제시한 순서에 따라서 이 군주국들을 어떻게 통치하고 유지할 수 있는지를 논의하겠습니다.

현재 자신들을 다스리는 군주 가문의 통치에 익숙한

1 《로마사론(Discorsi, Discourses)》을 말하는 듯한데, 이 책은 《군주론》보다 나중에 쓰여졌기 때문에 훗날 써넣은 구절로 추정되기도 한다.

세습 군주국(principato ereditari, hereditary principality)은 신생 군주국보다 유지하기가 훨씬 더 수월합니다. 왜냐하면 오랫동안 이어져온 선조의 관습을 바꾸지 않고, 예상치 못한 사태에 적절히 대처하는 것만으로 충분하기 때문입니다. 그래서 세습 군주는 능력이 평범해도 근면하기만 하면, 맞서기 힘들 정도의 아주 강력한 세력이 출현하여 그에게서 나라를 빼앗지 않는 한, 문제없이 자신의 국가를 안정적으로 유지할 수 있습니다. 그리고 설사 그러한 사태가 일어나서 권좌에서 물러나더라도, 새 정복자가 아주 작은 실수만 저질러도 바로 이전의 군주가 복귀할 수 있습니다.

예를 들어 페라라 공작은 1484년 베네치아의 공격과 1510년 교황 율리우스의 공격을 물리쳤습니다.[2] 그럴 수 있었던 이유는 단지 그의 가문이 그 지역에서 오랫동

2 두 명의 페라라Ferrara 공작, 즉 에르콜레와 그의 아들 알폰소를 혼동해서 말했다. 에르콜레 I세Ercole d'Este I (재위 1471~1505)는 소금 전쟁(1482~1484)에서 베네치아와 교황 식스투스 4세를 물리쳤다. 그의 아들 알폰소Alfonso d'Este(재위 1505~1534)는 1511년 교황 율리우스 2세의 신성동맹군(에스파냐, 베네치아, 영국, 신성로마제국 군대의 혼합군)에 대항하여 싸웠다.

안 통치했기 때문이었습니다.

세습 군주는 신생 군주에 비해서 백성을 괴롭힐 이유도 없고 그럴 필요도 별로 없습니다. 당연히 백성으로부터 더 많은 호감을 얻습니다. 따라서 군주가 상식 밖의 악행으로 미움을 사지 않는 한 백성은 자연히 그를 따릅니다. 게다가 군주 가문의 통치가 오래 지속될수록 백성이 가지고 있던 급진적 변화에 대한 기억과 동기들은 희미해지기 마련입니다. 세상에서 발생하는 어떠한 변화든지 또 다른 변화를 만들어낼 여지를 남기기 때문입니다.

제 3 장

복합 군주국

신생 군주국의 착각, 그로 인한 어려움

그러나 신생 군주국은 어려운 문제들이 많습니다. 전적으로 새롭게 생긴 것이 아니고 기존의 군주국에 병합되었다면(복합 군주국principato misto, mixed principality이라고 부를 수 있겠습니다), 모든 신생 군주국들이 겪는 자연발생적인 어려움을 겪습니다.

즉, 사람들은 스스로의 힘으로 자신들의 처지를 개선할 수 있다고 믿으면 기꺼이 지배자를 갈아치우려 하고, 그런 믿음으로 지배자에게 무기를 들고 저항합니다. 그러나 그들은 착각한 것입니다. 그들은 현실에서 더 악화된 상황과 맞닥뜨릴 것이기 때문입니다.

신생 군주는 자신의 군대를 통해서, 또한 국가를 정복하는 데에 따르는 무수히 많은 가혹 행위를 통해서, 항상 새롭게 편입된 백성들에게 피해를 줄 수밖에 없습니다. 그러한 상황이 자연스럽고, 일반적으로 필요하기도 합니다. 그래서 결과적으로, 다른 군주국을 병합하고 확장하는 과정에서 피해를 준 모든 사람들을 적으로 만들게 됩니다.

그런데 다른 한편으로, 당신이 지배자가 되도록 도움을 준 사람들은 애초에 그들이 기대한 만큼 만족시킬 수 없기 때문에 그들과도 우호적인 관계가 유지되지 않습니다. 그렇다고 자신이 신세를 진 지원자들에게 가혹한 조치를 취할 수도 없는 노릇입니다. 그러므로 신생 군주는 제아무리 강력한 군대를 거느리고 있어도, 새로운 지역을 점령하기 위해서는 그 지역 거주민들의 호의(favore, goodwill)가 항상 필요합니다.

프랑스 왕 루이의 실패

바로 이러한 이유로 프랑스의 루이 12세는 단숨에 밀라노를 정복할 수 있었지만, 마찬가지로 순식간에 잃었습니다. 루도비코 스포르차*의 군대가 스스로의 힘만으로도 일거에 루이 12세**를 몰아낼 수 있을 만큼 충분히 강해졌는데, 왜냐하면 루이 왕에게 성문을 열어주었던 사람들이 기대했던 만큼 향상된 삶을 누리지 못하자 새로운 군주가 야기한 불편함을 참지 않고 지지를 철회했기 때문입니다.

재점령하는 경우

그러나 반란을 일으킨 나라를 다시 점령한 경우에는 좀처럼 잃지 않게 됩니다. 왜냐하면 새로운 지배자는 이전의 반란을 빌미로 그의 권력을 강화하기 위해서 모든 반역자를 처벌하며 혐의자를 찾아내고, 자신의 통치상 결함을 고치는 데에 더욱 단호하게 대처할 것이기 때문입니다.

그 덕분에 처음에는 루도비코 공작이 단순히 국경 부근을 교란하는 것만으로도 밀라노에서 밀려났지만, 재탈환 때는 모든 국가들이 연합하여 저항했어도 쉽게 밀려나지 않았습니다.

그럼에도 불구하고 어쨌든 프랑스인들은 두 번씩이나 밀라노를 잃었습니다.

같은 문화권의 영토를 정복했다면, 전 군주만 없애라

지금까지 밀라노를 처음에 잃었던 일반적인 이유들을 논의하였습니다. 이제는 밀라노를 두 번째로 잃었던 이유를 구체적으로 논의하고, 프랑스 왕이 어떤 해결책을 가지고 대처했는지를 살펴보겠습니다. 유사한 처지에 있는 지배자라면 어떻게 하면 점령한 영토를 프랑스 왕보다도 더 잘 유지할 수 있을지 알 수 있을 것입니다.

우선 정복자가 오랜 시간 통치해온 본국에 새로운 영토를 병합한 경우, 그곳이 동일한 언어를 사용하는지, 동일한 지역에 있는지 살펴봐야 합니다. 이에 따라서 많은 것이 달라지기 때문입니다. 그런 곳이라면 새로운 영토를 유지하기가 매우 쉽고, 그곳이 자치에 익숙하지 못하다면 더 쉽습니다. 단지 그곳을 지배하던 군주의 가문을 없애버리는 것만으로 충분한 것입니다. 통치하던 가문이 없어진다는 것 외에는 변하는 것 없이, 예전의 생활양식과 관습을 유지할 수 있다면 백성은 평온한 삶을 지속할 수 있습니다.

프랑스가 오랫동안 병합하고 있는 부르고뉴, 브르타뉴, 가스코뉴, 노르망디가 그렇습니다.[1] 이 지역들은 언어상의 차이는 약간씩 있었지만 관습이 유사했기 때문에 지금까지 별다른 어려움 없이 쉽게 어울려 살아갈 수 있었습니다.

따라서 동일한 문화권의 영토를 병합하여 유지하고자 마음먹었다면 다음의 두 가지 정책을 명심해야 합니다. 첫째, 옛 군주의 가문을 확실히 제거해야 합니다. 둘째, 그들이 따르던 기존의 법을 바꾸지 않고 새로운 조세도 부과하지 않아야 합니다. 그렇게 하면 본국과 새로운 영토는 가장 빠른 시일 내에 통합되어 하나의 정치체제를 이룰 것입니다.

---

1 각각 1477년(부르고뉴), 1491년(브루타뉴), 1453년(가스코뉴), 1204년 (노르망디)에 병합되었다.

다른 문화권의 영토를 정복했다면, 그곳에 정착하라

그러나 새롭게 정복한 영토가 정복자가 통치하던 본국과 언어, 관습 및 제도가 다르다면 상당한 문제가 야기되며, 이곳을 유지하는 데에 많은 운과 엄청난 노력이 필요합니다. 이때 가장 효과적이고 최선인 해결책은 정복자가 그 지역에 가서 친히 정착하는 것입니다. 그러면 점령한 지역을 보다 안정적으로 오랫동안 지배할 수 있습니다.

투르크가 그리스를 통치했던 정책이 대표적입니다. 만약 투르크가 직접 그리스를 통치하지 않았더라면 그리스를 확보하기 위해서 취한 그 밖의 다른 어떤 정책도 효과가 없었을 것입니다.

정복자가 직접 현지에 가서 살면 분쟁이 발생하자마자 즉각 알아서 효과적인 조치를 신속하게 내릴 수 있습니다. 현지에서 살지 않으면, 사고가 일어나고 아무런 해결책을 찾을 수 없을 때가 되어서야 비로소 사태의 심각성을 알게 됩니다.

더욱이 직접 그 지역에 살면 당신이 임명한 관리들이 백성을 함부로 약탈하지 못합니다. 또한 백성은 통치자에게 직접 호소할 수 있다는 것에 만족해할 것입니다. 그 결과 순순히 행동하는 백성은 통치자에게 더욱 선량한 백성이 되고자 할 것이며, 다른 뜻을 품고 선량한 백성이 되지 않는 자들은 당신을 두렵게 여길 만한 더 많은 이유를 가지게 될 것입니다.

또한 이러한 국가를 공격하고자 하는 외국 세력은 어느 누구라도 매우 주저하게 될 것입니다. 이 모든 점을 고려할 때 군주 스스로가 새로운 영토에 직접 정착하여 통치하면 결코 그 영토를 쉽게 빼앗기지 않을 것입니다.

식민지 건설이 효율적이다

차선책은 정복한 영토의 거점이 될 수 있는 한두 곳에 군주국의 지원 역할을 할 식민지를 건설하는 것입니다. 그렇지 않으면 대규모의 보병이나 기병 부대를 주둔시켜야 합니다. 식민지 운영이 비용이 거의 들지 않기 때문에, 군주는 전혀 비용이 들지 않거나 아주 적은 비용만으로 식민지를 건설하고 유지할 수 있습니다.

식민지 건설로 피해를 보는 사람들은 새로 온 이주민

들에게 자신들의 경작지와 집을 내주어야 하는 이들뿐입니다. 국가 전체의 관점에서 보았을 때, 이런 식으로 피해를 보는 자들은 소수에 불과합니다. 더욱이 그들은 힘이 미약해지고 뿔뿔이 흩어져버릴 것이기 때문에 군주에게 위협적인 요소가 되지 않습니다. 그 밖의 모든 다른 주민들은 한편으로는 자신들은 피해를 보지 않았다고 안심하고, 다른 한편으로는 소수의 주민들처럼 자신의 소유물을 빼앗길까 두려워 오히려 군주에게 말썽거리가 되지 않도록 조심하게 됩니다.

결론적으로 말해서, 식민지를 운영하는 것은 많은 비용이 들지 않고, 그곳 주민들도 보다 충성스러워져서 문제를 거의 일으키지 않으며, 단지 소수의 사람에게만 피해를 주는 데 불과합니다. 소수의 피해 주민들도 힘이 미약해지고 이곳저곳으로 뿔뿔이 흩어져서 군주에게 전혀 피해를 주지 않을 것입니다.

피해를 주려거든 확실히 주어야 한다

이와 관련하여 유념해야 할 것은, 사람을 다룰 때에는 그들이 하고 싶은 대로 할 수 있게 다정하게 대하거나,

그것이 아니라면 아주 철저하게 짓밟아 뭉개버려야 한다는 것입니다. 왜냐하면 사람들은 사소한 피해에 대해서는 쉽게 보복하려고 들지만, 엄청난 피해에 대해서는 감히 복수할 엄두조차 내지 못하기 때문입니다. 따라서 피해를 주어야 한다면, 복수를 걱정할 필요도 없을 정도로 아예 확실히 주어야 합니다.

군대 주둔은 비효율적이다

식민지 건설 대신에 군대를 파견한다면 훨씬 더 많은 비용이 듭니다. 왜냐하면 그 지역에서 발생한 모든 수입이 그 지역의 국경을 경비하는 데에 쓰일 것이기 때문입니다. 그렇게 되면 새롭게 취득한 영토는 오히려 군주에게 손해를 끼칩니다.

게다가 군대가 그 영토에 주둔하면서 이곳저곳 옮겨 다니면 전체 지역에 피해를 주기 때문에 폐해가 더 커집니다. 그 지역 주민들의 민심은 흉흉해지고, 점차 군주에게 적대심을 갖게 됩니다. 이렇게 시작된 적개심은 이후 매우 위험한 요소로 작용할 수 있습니다. 주민들은 비록 정복당했지만, 자신들의 고향에 그대로 거주하고 있기 때문에 위험한 적으로 남아 있게 됩니다.

따라서 모든 면을 고려했을 때, 식민지 건설은 매우 효과적인 정책인 반면, 군대의 파견 및 주둔은 비효율적이라고 하겠습니다.

인접한 약소국을 다루는 법 : 고대 로마인들처럼 하라

앞서 이미 말한 것처럼, 본국과 언어와 관습이 다른 지역의 국가를 정복한 군주는 인접한 약소국들의 지도자가 되어 보호자 역할을 담당하고, 그 지역의 권력가들을 약화시키도록 많은 노력을 기울여야 합니다. 또한 어떠한 돌발적인 상황으로 인해서 자신과 같이 강력한 국가가 개입하지 않도록 만반의 태세를 갖추고 항상 경계해야 합니다.

고대 아이톨리아인이 그리스에서 로마의 침입을 유인했던 경우처럼,[2] 지나친 야심을 가졌거나 혹은 두려움으로 인해서 불만을 품은 자들은 언제나 강력한 외부 세력을 끌어들입니다. 그리고 로마가 침략한 모든 나라

---

2 아이톨리아인이 로마를 부른 것은 아닌데, 결과적으로 그리스 지역에 로마를 끌어들인 셈이 되었다는 의미다.

에서는 한결같이 그곳 거주민들의 일부가 로마의 침입을 지원했습니다. 보통 외부의 강력한 침략자가 어느 나라를 공격하면 그곳의 약소 세력들이 침략자에게 모여드는데, 자신들의 지배자에게 불만을 품고 있기 때문입니다. 침략자는 별 어려움 없이 이러한 약소 세력들을 자기편으로 만들 수 있으니, 그들 모두는 이미 새로운 군주가 획득한 새로운 권력과 함께하고자 하기 때문입니다.

군주는 단지 그들이 너무 많은 군사력이나 영향력을 가지지 않도록 경계를 늦추지 않기만 하면 됩니다. 군주는 자신의 군대와 그들의 지원을 이용해서 강력한 세력을 쉽게 진압하고 그 나라를 완전히 장악하면 됩니다. 이 국면을 잘 활용하지 않은 지배자는 정복했던 영토라도 쉽게 잃을 것이며, 그 영토를 유지하는 동안에도 무수히 많은 근심과 곤경이 끊이지 않을 것입니다.

로마는 자신들이 점령한 지역에서 이러한 정책들을 아주 훌륭하게 시행했습니다. 그들은 식민지를 건설했고, 약소 세력과 우호 관계를 유지하면서도 그들의 영향력이 커지지 않게 했고, 강한 세력들을 진압했으며, 점령지에서 강력한 외세가 영향력을 얻지 못하도록 저지했습니다.

적절한 사례로 그리스의 경우만 인용해도 충분하다고 생각합니다. 로마는 아카이아인 및 아이톨리아인과 우호 관계를 유지하면서도 견제했고, 마케도니아 왕국은 굴복시켰고, 안티오코스 왕은 끝내 몰아냈습니다.*** 즉, 로마인은 아카이아인이나 아이톨리아인이 자신들을 지원하며 많은 공헌을 했음에도 불구하고 그들이 강해지는 것을 결코 용납하지 않았습니다. 마케도니아의 필리포스가 동맹 맺기를 간곡히 청했지만, 굴복하기 전에는 결코 허용하지 않았습니다. 시리아의 왕 안티오코스는 강력한 군대를 가져서 결코 만만치 않았음에도 불구하고 끝끝내 그리스 내의 어떠한 영토도 가질 수 없도록 몰아냈습니다.

전쟁은 피할 수 없고 지연될 뿐! 미래를 대비하라

로마인은 군주라면 누구나 취해야만 할 마땅한 조치를 취했던 것입니다. 군주는 현재의 문제뿐 아니라 미래에 일어날지도 모르는 문제에 대해 다분히 경계해야 하며, 특히 미래의 문제를 예방하기 위해서 가능한 모든 대책을 강구해야 합니다. 문제들이 발생하기 전에 최초의 징후를 감지하면 대책을 세우기가 한결 수월하지만, 문제를 방치하면 어떠한 대책이나 처방도 이미 너무 늦은 것이 되고 결국 그 문제를 해결할 수 없는 지경에 다다를 뿐이기 때문입니다.

바로 의사들이 질병에 대해 하는 이야기와 같습니다. 질병은 초기에는 진단하기는 어렵지만 치료하기는 쉬운데 반해서, 초기에 발견해서 적절히 치료하지 않으면 시간이 흐름에 따라 진단은 쉽지만 치료는 어려워집니다.

국가를 통치하는 일도 마찬가지입니다. 국가 안에서 발생하는 정치적 문제는 일찍 인지하면 신속히 해결할 수 있습니다. 현명하고 장기적인 안목을 가진 통치자만이 가능한 일입니다. 그러나 반대로 국가 내에서 발생한 문제를 인식하지 못하고 결국 사태가 악화되어 모든 사람이 알아차릴 정도가 되면 더 이상 어떤 해결책도 소용이 없습니다.

로마는 문제점들을 미리 예견했기 때문에 항상 현명

하게 대처할 수 있었습니다. 로마인은 전쟁을 피하려고 화근이 자라는 것을 결코 용납하지 않았습니다. 그들은 전쟁은 피할 수 있는 것이 아니라 단지 적에게 유리해질 때까지 지연되는 것에 불과하다는 점을 잘 알았기 때문입니다. 그래서 로마는 이탈리아에서 필리포스와 안티오코스를 맞아 싸우는 일을 피하기 위해서, 그 대신 그리스에서 그들과 전쟁하는 길을 택했던 것입니다.

또한 로마인은 그리스에서도 그 두 세력과의 싸움을 피할 수 있었지만, 그렇게 하지 않기로 결정했습니다. 로마인은 우리 시대의 현자들이 항상 말하는 '자신에게 유리한 시간이 오기를 기다려라'라는 격언을 결코 받아들이지 않았습니다. 오히려 자신들이 지닌 역량(virtù)과 현명함(prudènzia, prudence)을 통해 이익을 취하는 것을 선호했습니다. 왜냐하면 시간은 모든 것을 몰고 오기 때문에 이익을 가져오는 만큼 해악이 따라오기도 하고, 해악을 가져오는 만큼 이익을 가져오기도 하기 때문입니다.

루이 12세가 성공했던 이유

그러면 다시 프랑스 왕의 이야기로 돌아가서, 지금까지 우리가 언급했던 것들 중에서 과연 어떤 것을 루이 12세가 실행했는지 살펴보겠습니다. 샤를 왕이 아니라 루이 왕을 검토하는 이유는, 이탈리아에서 영토를 훨씬 더 오랫동안 유지했기 때문에 통치과정을 더 상세히 살펴볼 수 있어서입니다. 여기에서 우리는 루이 왕이 새로운 영토를 통치하기 위해서 시행해야 하는 정책들과 정반대로 시행한 것을 보게 됩니다.

루이 왕은 베네치아의 야망에 의해서 추동되어서 이탈리아에 침입해서 기반을 마련했습니다. 베네치아는 프랑스를 끌어들여 그 침입을 틈타서 롬바르디아 영토의 반을 획득할 생각이었던 것입니다.

저는 루이 왕이 택한 이 행동을 비난하지는 않겠습니다. 루이 왕은 이탈리아에서 발판을 구축하고 싶었지만, 샤를 왕의 처신[3] 때문에 그곳에서 어떠한 동맹도 맺을 수 없음을 깨달았을 것입니다. 그래서 그는 동맹을 맺을 수만 있다면 어떤 동맹이라도 받아들이지 않을 수 없었습니다. 만약 다른 일에서 실수를 저지르지 않았더라면 그의 계획은 충분히 가치 있고 성공했을 것입니다.

루이 왕은 롬바르디아를 정복해서 샤를 왕이 실추시킨 명성을 즉각 되찾았습니다. 제노바는 항복했고, 피렌체는 동맹국이 되었습니다. 만토바 후작, 페라라 공작, 볼로냐 공작, 포를리 백작 부인, 파엔차, 페사로, 리미니, 카메리노 및 피옴비노의 영주들 그리고 루카, 피사 및 시에나의 백성들이 그의 동맹이 되려고 접근했습니다. 그제서야 베네치아는 자신들의 계책이 경솔했음을 깨달았습니다. 그들은 롬바르디아의 불과 몇 군데의 영지를 욕심내다가, 프랑스 왕에게 전체 이탈리아 반도의 3분의 2를 차지할 수 있게 해준 것이었습니다.****

루이 12세가 실패한 이유

만약 루이 왕이 앞에서 제시한 통치 방식들을 따르고 모든 동맹국들을 유지하고 보호했더라면, 이탈리아에

---

3 1495년 이탈리아 반도 국가들이 샤를 8세에 대항한 반프랑스 동맹군(베네치아, 밀라노, 나폴리, 피렌체, 만토바, 에스파냐, 신성로마제국)을 형성해서 타로 강변의 포르노보 전투로 내쫓았기 때문에, 루이 12세가 다시 새로운 발판을 마련하기가 힘들었을 것이라는 뜻이다.

서의 명성을 큰 어려움 없이 확고히 했을 것입니다. 왜냐하면 그에게는 상당한 수의 동맹국들이 있었고 동시에 그 동맹국들은 세력이 미약했기 때문입니다. 또한 일부는 교황청을, 일부는 베네치아를 두려워하고 있어서, 프랑스와 동맹을 유지해야만 했기 때문입니다. 그는 그러한 동맹국들의 도움을 받아 나머지 강대국들로부터 쉽게 안전을 확보할 수 있었을 것입니다.

그러나 루이 왕은 밀라노에 입성하자마자 교황 알렉산데르 6세가 로마냐 지방을 정복할 수 있도록 도와줌으로써, 완전히 반대되는 정책을 추진하기 시작했습니다. 그는 교황을 도와준다는 결정이 자신의 동맹국들과 자발적으로 자신의 품으로 들어온 세력들을 소외시키기 때문에 결국 자신의 권력이 약화되는 결과가 온다는 것을 깨닫지 못했습니다.

또한 다른 한편으로 막강한 권력의 근원인 교회의 권력에 많은 세속적인 권력을 보태줌으로써 교회를 한층 더 강력하게 만든다는 점도 인식하지 못했습니다.

루이 12세는 첫 번째 실수를 저지른 후 이를 만회하려다가 어쩔 수 없이 다른 실수를 거듭했고, 급기야는 교황 알렉산데르 6세의 야심을 견제하고 교황이 토스카나 지방의 영주가 되는 것을 막기 위해서 루이 왕 자신이 직접 이탈리아로 원정을 나서야 하는 지경에 이르렀습니다.*****

자신의 잘못된 판단으로 교회 세력과 손잡는 바람에 동맹국들을 상실했음에도 불구하고, 그는 나폴리 왕국을 탐내며 그 왕국을 에스파냐 왕과 분할하여 지배하기로 했습니다. 루이 왕은 자신이 거의 단독으로 지배하던 이탈리아에 야심가들과 불평분자들이 대안으로 선택할 수 있는 또 다른 지배자를 끌어들인 셈이었습니다. 루이 왕은 자신에게 충성스러웠던 허울뿐인 나폴리 왕[4]을 앉혀서 통치할 수 있었음에도 불구하고, 그를 제거하고 대신 그 자리에 자신을 몰아낼 수 있는 자를 앉혀놓고 말았던 것입니다.

영토를 확장하려는 욕구는 매우 자연스럽고 당연한

---

4 아라곤의 페데리코 1세 Federico I(1458~1494)를 말한다. 루이 12세는 그를 나폴리의 왕으로 남겨두고 프랑스 왕족의 속국으로 통치할 수 있었는데, 괜시리 에스파냐 본국의 페르난도 왕을 끌어들이는 바람에 나폴리를 잃고 말았다.

것입니다. 유능한 사람이 영토를 확장하려 할 때 그는 항상 찬사를 받고, 찬사 받지 못하는 경우에도 비난을 받지는 않습니다. 그러나 영토 확장을 성취할 역량이 없는 사람이 수단과 방법을 가리지 않고 이를 꾀하면 이런 행동은 비난을 받을만한 실책이 됩니다.

프랑스가 군대를 이끌고 나폴리 왕국을 공격할 능력이 있었다면 그렇게 하는 것이 마땅한 일입니다. 하지만 반대로 만약 그럴 수 없었다면 그는 나폴리 왕국을 분할하지 않았어야 했습니다. 루이 왕이 롬바르디아를 베네치아와 분할함으로써 이탈리아에 거점을 확보했던 것은 용서받을 수 있는 일이지만, 나폴리 왕국을 분할한 것은 그럴 필요가 없었기 때문에 비난받아 마땅합니다.

따라서 루이 왕은 다음의 다섯 가지 실수를 범한 셈입니다. 약소국들을 파괴해버린 것, 이탈리아에 있는 강력했던 군주의 세력을 강화시킨 것(교황 알렉산데르 6세), 그것도 모자라 이탈리아에 매우 강력한 외세를 끌어들인 것(에스파냐 왕 페르난도 2세), 루이 왕 자신이 직접 그 지역을 통치하지 않은 것, 그리고 식민지를 건설하지 않은 것입니다.

이런 실수들에도 불구하고 그가 여섯 번째의 실수, 즉 베네치아를 약화시키는 실수를 저지르지 않았더라면, 자신의 삶에서 이러한 실책들로 인해서 피해를 입지는 않고 살아갈 수 있었을 것입니다.

물론 그가 교황을 불러들여 교회 세력을 강화하지 않았다거나 이탈리아에 에스파냐 왕을 끌어들이지 않았더라면, 베네치아의 힘을 약화시키는 것이 합리적이고 필요한 일이었을 것입니다. 그러나 이미 두 가지 상황을 자초했기 때문에 그는 결코 베네치아의 몰락을 용인해서는 안 되었습니다. 베네치아는 강했기 때문에 다른 세력들이 롬바르디아에 개입하는 것을 언제든지 방어할 수 있었을 것입니다. 그들은 자신들이 롬바르디아의 통치자가 되는 경우가 아니라면 결코 외부세력의 개입을 허용하지 않았을 것이라는 이야기입니다. 또한 다른 세력들도 단지 베네치아에 넘겨주기 위해서 롬바르디아를 프랑스 왕으로부터 빼앗으려고 했을 리가 없었고, 그렇다고 프랑스와 베네치아 양국을 자극할 만한 용기도 없었습니다.

만약 누군가 '루이 왕이 전쟁을 피하려고 로마냐 지

방을 교황에게, 나폴리 왕국을 에스파냐에게 양보했다'라고 주장한다면, 저는 앞에서 제시했던 근거들로 응수하겠습니다. 즉, 전쟁은 피할 수 있는 것이 아니라 단지 자신에게 불리한 방향으로 지연되는 것에 불과하기 때문에, 전쟁을 피하기 위해서 화근이 자라는 것을 허용해서는 결단코 안 됩니다. 또 누군가가 '루이 왕이 로마냐 지방의 전쟁에서 교황을 돕기로 한 이유는, 교황이 루이 왕 자신의 결혼 취소를 승인해주고 루앙의 대주교[5]를 추기경으로 임명해준 것에 대한 대가라서 어쩔 도리가 없었다'라는 터무니없는 주장을 한다면, 저는 나중에 '군주는 어디까지 약속을 지켜야 하는가'에 대해서 논의할 때 그 주장을 반박하기로 하겠습니다.

상대방이 강해지도록 도우면 자멸한다

루이 왕은 영토를 점령하고 유지하고자 하는 자들이 지켜야 할 원칙들을 따르지 않았기 때문에 결국 롬바르

5 루이 12세의 최측근인 조르주 당부아즈Georges d'Amboise (1460~1510)

디아를 잃었습니다. 전혀 놀랄 일이 아니고 당연히 예상할 수 있는 결과입니다.

발렌티노 공작(체사레 보르자)이 로마냐 지방을 점령했을 때, 저는 낭트에서 루앙의 추기경과 이 문제에 대해 논의한 적이 있습니다. 루앙의 추기경이 저에게 "이탈리아인은 전쟁을 이해하지 못한다"라고 말했을 때, 저는 "프랑스인은 국가 통치술을 이해하지 못한다"라고 대답했습니다. 프랑스인이 국가 통치술을 이해했더라면 교회가 그렇게 막강한 권력을 획득하는 것을 결코 용납하지 않았을 것이기 때문입니다. 이탈리아에서 교회와 에스파냐 왕의 막강한 권력은 프랑스가 자초한 것이며, 그들로 인해서 프랑스가 몰락한 것은 명백한 사실입니다.

이러한 사실로부터 절대 실패하지 않을 일반 원칙을 이끌어낼 수 있습니다. 상대방이 강력해지도록 도움을 준 자는 자멸을 자초한다는 것입니다. 강대한 타인의 세력은 도움을 주는 자의 술책이나 힘을 통해서 커지게 마련이며, 이 두 가지는 바로 도움을 받아 강력한 세력을 차지하게 된 자가 의심의 눈초리로 바라보는 것들이기 때문입니다.

* 스포르차는 왜 밀라노에서 두 번이나 쫓겨났을까?

루도비코 스포르차Ludovico Sforza(1452~1508)는 프란체스코 스포르차[1]의 둘째 아들이다. 까무잡잡한 피부와 검은 머리카락 때문에 '일 모로Il Moro(the Moor)'라고 불렸다.

1466년 아버지가 죽고 형 갈레아초 마리아Galeazzo Maria Sforza(1444~1476)가 밀라노 공작이 되었는데, 10년만에 암살당하며 그 아들에게 작위가 넘어갔다. 이에 루도비코 스포르차는 7세 조카 잔 갈레아초Gian Galeazzo Maria Sforza(1469~1494)의 후견인이 되어 섭정을 하다가, 아예 조카를 제명해버리고 스스로 밀라노 공작이 되었다.

그런데 잔 갈레아초의 외가가 나폴리 왕실이었다. 루도비코는 나폴리의 반발을 어떻게 잠재울까 고민하던 중에, 1494년 프랑스 샤를 8세Charles VIII(1470~1498)가 나폴리의 왕위를 주장하자 싸움을 적극적으로 부추

---

1 18쪽 참고

겼다.

하지만 상황이 (이탈리아 반도에 '비참한 시대의 첫해'로 불릴 정도로) 생각보다 심각하게 전개되자 루도비코는 재빨리 반反프랑스 동맹군(베네치아, 나폴리, 피렌체, 만토바, 스페인, 신성로마제국)에 가담했고, 결국 샤를 8세는 1495년 7월 타로 강변의 포르노보 전투에서 패하고 프랑스로 돌아갔다.

그랬으니 프랑스가 밀라노에 대해 좋은 감정일 수가 없었다. 샤를 8세가 죽고 집권한 루이 12세는 즉각 밀라노 공작령에 대한 권리를 주장하며 밀라노로 쳐들어왔다. 이때 루도비코는 레오나르도 다 빈치 등의 예술가를 후원한다는 명목으로 거액의 세금을 걷고 있었기 때문에, 루도비코를 미워하던 밀라노인들이 저항 없이 루이 12세를 맞이하고 일 모로를 추방했다.

일 모로는 독일 막시밀리안 1세에게로 도망갔다가 스위스 용병을 모아서 1500년 2월 밀라노를 탈환했다. 하지만 2달만에 루이 12세의 더 큰 돈에 매수된 스위스 용병의 배반으로 붙잡혔고 8년간 로슈 성의 감옥에 갇혀 있다가 죽었다.

** 루이 12세는 왜 밀라노에서 두 번이나 쫓겨났을까?

1498년 오를레앙 공작 루이 12세Louis XII(1462~1515)가 즉위하자마자 샤를 8세를 배신한 밀라노에 대한 보복을 시작했다.

1499년 밀라노 공작령에 대한 권리를 주장하며 롬바르디아를 정복했다. 이때 루도비코 스포르차를 미워하는 밀라노인들이 협조해주었는데, 그들이 금세 루이 12세에게 실망해서 등을 돌리면서 기습해온 루도비코에게 밀려났다. 하지만 2달만에 스위스 용병을 매수해서 일 모로를 체포하고 밀라노를 재점령했다.

그런데 루이 12세는 '상대방이 강해지도록 도와주면 자멸한다'는 불문율을 무시하고 강국(교황청, 에스파냐 왕국)과 연달아 동맹을 맺는 실수를 저질렀다. 결국 이탈리아 국가들이 강국들을 중심으로 뭉쳐서 프랑스에 맞섰고, 1512년 교황 율리우스 2세의 신성동맹군(에스파냐, 베네치아, 영국, 신성로마제국 군대)과 싸워야 했다. 이때 전투에서는 승리했지만, 유능한 장군을 잃어서 병사들의 사기가 저하되는 바람에 결국 이탈리아에서 철수했다.

*** 아이톨리아, 아카이아, 마케도니아, 시리아, 그리고 로마

아이톨리아 동맹Aetolian League은 연방국가로, 기원전 4세기 그리스에서 가장 강대했는데 기원전 3세기 마케도니아 왕 필리포스 5세Philippos V(BC 238~BC 179)가 성장하자 위축되었다. 아카이아 동맹과 손잡고 대항하려 했지만 실패해서 펠로폰네소스 지역을 잃었다.

당연히 로마도 신흥강자 필리포스를 견제했다. '마케도니아로부터 그리스를 해방시킨다'는 명분으로 제1차 마케도니아 전쟁을 일으켰는데, 필리포스는 당시 로마와 싸우던(제2차 포에니 전쟁) 카르타고의 장군 한니발과 동맹을 맺어서 방어했다.

하지만 끈질긴 로마는 아이톨리아 동맹과 손잡고 제2차 마케도니아 전쟁을 재개했다. 필리포스도 아카이아 동맹과 손잡았지만 결국 키노스케팔라이 전투(BC 197)에서 대패했다. 이후 마케도니아는 쇠락을 거듭하다가 로마의 속주(BC 148)가 되었다.

한편 아이톨리아 동맹은 로마가 '테살리아를 주겠다'

는 약속을 지키지 않자 '적(로마)의 적(시리아)', 셀레우코스 왕조의 안티오코스 3세Antiochus III(BC 242~BC 187)를 끌어들였다. 당시 안티오코스는 '알렉산드로스 대왕'에 비유될 정도로 강력해서, 마치 비웃기라도 하듯 로마가 마케도니아를 공격하는 와중에 그리스를 야금야금 차지해갔고, 로마에 패한 한니발을 고문으로 고용하기까지 했다. 하지만 로마의 총공세에 결국 테르모필라이 전투(BC 191)에서 대패했고 이후 그리스에서 물러가야 했다.

- 제1차 포에니 전쟁(BC 264~BC 241)
- 제2차 포에니 전쟁(BC 218~BC 202)
- 제1차 마케도니아 전쟁(BC 215~BC 205)
- 제2차 마케도니아 전쟁(BC 200~BC 197)
- 제3차 마케도니아 전쟁(BC 171~BC 168)
- 제4차 마케도니아 전쟁(BC 150~BC 148)
- 제3차 포에니 전쟁(BC 149~BC 146)

****** 베네치아의 치명적 실수**

1499년 루이 12세가 '샤를 8세가 주장했던 나폴리 왕국 및 밀라노 공작령의 소유권'을 주장하며 쳐들어왔을 때, 이탈리아 내부의 세력 다툼에서 우위를 점하고자 했던 베네치아는 프랑스의 개입이 자신들에게 유리하다고 보고 동조했다(블루아 조약).

그런데 루이 12세는 북이탈리아를 점령하자마자 베네치아와 적대 관계인 교황청(교황 알렉산데르 6세)과 동맹을 맺었다. 그 결과 교황 알렉산데르 6세의 아들인 체사레 보르자가 발렌티노 공작 작위를 받고 교회군 총사령관으로 임명되더니, 순식간에 로마냐 지방을 점령해서 베네치아를 턱밑까지 위협했다. 그제서야 베네치아는 자신들이 치명적인 실수를 저질렀음을 깨달았다.

******* 루이 12세의 치명적 실수**

루이 12세가 베네치아와 적대 관계인 교황청(알렉산

데르 6세)에 협조한 것은 '상대가 강해지도록 도우면 자멸한다'는 불문율에 어긋난 행동이었지만, 나름의 필요에 의한 판단이었다. 자신이 샤를 8세의 미망인과 결혼해서 브루타뉴 공작령을 차지하려면 교황 알렉산데르 6세가 전 부인과의 결혼을 무효로 승인해주는 일이 필요했던 것이다(1499년).

하지만 그는 알렉산데르 교황의 속셈을 간과했다. 교황은 베네치아에 맞서 이탈리아 중부에 자신의 나라를 세우기 위해서는 프랑스가 자신의 아들 체사레 보르자를 '발렌티노 공작'으로 승인해줄 필요가 있었고, 실제로 체사레가 작위를 받자마자 교회군 총사령관에 임명해서 순식간에 로마냐 지방을 정복했던 것이다. 체사레는 어느새 피렌체까지 진군하더니 도리어 루이 12세를 위협하기 시작했다(1503년).

한편 루이 12세는 뒤늦게 교황의 속셈을 눈치채고 나폴리 왕국 왕위 계승권에 집중했다. 하지만 아라곤의 페르난도 2세가 강력하게 반발하자 다급히 나폴리 왕국을 분할해서 다스리자는 비밀조약으로 수습하는 바람에(1500년), 결국 약속이 깨져 직접 군대를 이끌고 원정까지 왔다가 대패하고 나폴리에서 완전히 철수해야 했다(1503년).

알렉산데르 6세가 사망하고 체사레까지 병으로 약해져 한숨 돌리게 되자, 이번에는 새 교황 율리우스Julius 2세(1443~1513)의 반反베네치아 연합인 캉브레 동맹(신성로마제국 황제 막시밀리안 1세, 에스파냐 아라곤의 왕 페르난도 2세 등)에 합세했다. 베네치아는 바일라에서 벌어진 아냐델로 전투에서 패했다(1509년).

그런데 교황 율리우스 2세가 갑자기 편을 바꿔서 베네치아와 화해하고 신성동맹(베네치아, 스위스, 에스파냐, 영국 등)을 만들어 프랑스 루이 12세를 공격했다(1511년). 루이 12세는 격분했고 라벤나 전투에서 승리했지만, 연이어 벌어진 밀라노 전투에서 대패했다(1512년).

이듬해 율리우스 2세가 죽으며 신성동맹은 깨지고 베네치아는 프랑스와 동맹을 맺었지만, 프랑스는 노바라에서 스위스 군에게 격퇴당하고 본국으로 돌아갔다(1513년).

제 4 장

알렉산드로스 대왕에게 정복당했던 다리우스 왕국은, 왜 대왕이 죽은 후에도 그의 후계자들에게 반란을 일으키지 않았을까

정복한 국가를 통치하는 두 가지 방법

새로 정복한 국가를 유지할 때 겪는 어려움을 들여다볼 때 우리는 다음과 같은 사실에 놀라게 됩니다. 알렉산드로스 대왕은 불과 수년 만에 아시아의 지배자가 되었다가, 곧바로 세상을 떠났습니다. 그러니 전 제국이 반란과 혼돈 상태에 빠지는 것이 당연함에도 불구하고 알렉산드로스의 후계자들은 그 영토를 유지하는 데에 별다른 어려움을 겪지 않았습니다. 단지 그들이 겪은 어려움은 그들 자신의 야심에 의해 발생한 문제들 때문이었습니다.*

우리가 역사적으로 알고 있는 모든 군주국은 두 가지 상이한 방법 중 하나의 방법으로 통치되었다는 점으로 그 이유를 설명할 수 있습니다. 하나는 군주가 자신의 뜻으로 임명한 내각들로부터 국정 보좌를 받아 통치하는 것이고, 다른 하나는 군주가 임명한 것이 아닌 세습받은 권력을 가진 제후들과 더불어 통치하는 것입니다.

제후들은 군주의 은덕이 아니라 오랜 귀족 가문의 세습적 권리를 통해서 그 지위를 차지했기 때문에 자신의 영토와 백성을 확보하고 있으며, 백성 또한 제후를 주인으로 인정하고 자연스럽게 그에게 충성을 바칩니다.

반면 군주와 내각에 의해서 통치되는 국가에서는 군주가 그 누구보다 큰 권위를 누리는데, 이는 전체 영토를 통틀어서 군주 이외에 주인으로 인정받는 자가 없기 때문입니다. 비록 백성이 군주 이외의 사람들에게 복종하더라도, 이는 그들이 단지 군주의 신하이거나 관리이기 때문이며 그들에게 특별한 충성을 바치는 것은 아닙니다.

각료를 임명하는 투르크, 제후에 둘러싸인 프랑스

두 가지 상이한 통치 유형은 투르크의 술탄과 프랑스의 왕에게서 확인할 수 있습니다. 투르크 왕국은 한 사람의 군주(술탄)에 의해 지배되고 다른 사람들은 모두 그에게 복종하는 신하일 뿐입니다. 술탄[1]은 왕국을 산자크sangiak라는 행정지역으로 나눠서 다양한 행정관들을 파견하고, 자신이 원하는 바에 따라서 그들을 교체하거나 이동시킵니다.

반면 프랑스 왕은 수많은 세습 제후들에게 둘러싸여 있습니다. 제후들은 각 지역에서 자신들을 인정하고 충성을 바치는 백성을 거느리고 있습니다. 각기 고유한 세습된 특권을 가졌고, 그 특권은 왕도 위험을 감수하지

---

1 당시 오스만투르크 제국의 술탄은 9대 셀림 1세 Selim I(재위 1512~1520)였다.

않고는 침범할 수 없습니다. 요컨대 투르크 유형의 국가는 정복하기가 어렵지만 일단 정복하면 자신의 세력을 유지하기가 아주 쉬운 반면, 프랑스와 같은 국가는 상대적으로 정복하기가 더 쉽지만 세력을 유지하기는 매우 어렵습니다.

투르크 유형 : 정복하기는 어렵지만 유지하기가 쉽다

투르크 왕국을 정복하기 어려운 이유는 다음과 같습니다. 일단 투르크 왕국을 정복하려는 자는 그 왕국을 통치하고 있는 자들로부터 도움을 요청받을 가능성이 없습니다. 그러다 보니 그 왕국의 지배자 주위의 신하들이 반란을 일으켜 외세의 침입을 용이하게 할 가능성이 없다는 것입니다. 각료들은 모두 지배자의 종복들이고 지배자의 은혜를 입어 그 자리에 올랐기 때문에, 그들을 타락시키기란 매우 어려운 일입니다. 설사 그들이 타락했더라도 자신을 기꺼이 따를 추종자들을 끌어모을 수 없기 때문에 별 이득을 기대할 수도 없습니다.

따라서 투르크의 술탄을 공격하려는 자는 어느 누구든 상대방이 완벽하게 일치단결하여 대항하리라는 점을 유념해야 하며, 적군의 분열을 기대하지 말고 오로지 자신의 군대를 믿고 적군을 공격해야만 합니다. 그러나 전장에서 그들을 제압해서 승리하고 더 이상 재기할 수 없을 정도로 결정적인 패배를 안겼다면, 그때는 군주의 가문을 제외하고는 두려워할 것이 전혀 없습니다. 일단 군주 가문을 제거해버리면 어느 누구도 백성의 신망을 얻을 수 없고, 백성을 지배할 권한도 없기 때문에 두려워할 어떤 것도 남지 않기 때문입니다. 즉, 정복자는 승리하기 전에는 내부의 어떠한 도움도 기대할 수 없지만, 승리한 후에는 오히려 아무것도 두려워할 필요가 없습니다.

프랑스 유형 : 정복하기는 쉬우나 유지하기가 어렵다

프랑스처럼 지배되는 왕국에서는 이와 반대되는 현상이 발생합니다. 그곳에는 항상 불만을 품은 세력과 새로운 정권을 갈망하는 무리들이 있어서, 당신은 그 왕국의 일부 제후들과 결탁함으로써 쉽게 진격해 들어갈 수 있습니다. 이미 제시한 이유로 인해서 그 왕국의 일부 제후들은 그 나라로 향하는 길을 당신에게 열어줄 것이며, 당신이 승리를 수월하게 얻을 수 있도록 도와줄 것입니다.

그러나 그곳을 점령한 후 유지할 때는 당신을 도와주었던 그 제후들과 그에 의해 진압된 무리들로 인해서 지속적인 문제들이 발생할 것입니다. 또한 그곳에는 새로운 반란의 주모자가 되려는 제후들이 남아 있기 때문에 군주 가문의 혈통을 제거하는 것만으로는 충분하지 않습니다. 당신은 그 세력들을 만족시킬 수도 없고 제거할 수도 없기 때문에, 상황이 불리해지면 언제든 그 나라를 잃게 될 것입니다.

제후가 없는 페르시아, 제후가 많은 그리스와 프랑스

고대 페르시아의 다리우스 왕국은 투르크 왕국과 닮았습니다. 그래서 알렉산드로스 대왕은 정면 돌파로 완벽하게 진압해서 쟁취할 수밖에 없었고, 승리를 거둔 후 다리우스의 왕이 죽자 확고하게 권력을 유지할 수 있었습니다.**

만약 알렉산드로스의 후계자들이 단결했더라면 그들은 자신들의 권력을 순조롭게 유지했을 것입니다. 왜냐하면 다리우스 왕국에서는 그들 자신의 소행에서 비롯된 것 이외에는 아무런 혼란도 일어나지 않았기 때문입니다. 하지만 프랑스처럼 조직된 국가를 순탄하게 통치하는 것은 불가능합니다.

그래서 에스파냐, 프랑스, 그리스 지역에서 로마에 대한 반란이 빈발했던 것입니다. 이 지역들에는 공국이 많았습니다. 이 군주국들에 대한 기억이 남아 있는 한, 로마는 그곳을 결코 확실히 확보할 수가 없었습니다. 그러나 로마의 지배가 오래되어 공국에 대한 기억이 상당부분 퇴색되자 이들 지역에 대한 로마의 지배는 확고해졌습니다. 그런데 로마인들이 훗날 자신들끼리 분쟁을 벌일 때[2], 파벌의 각 지도자들은 자신들이 권력을 행사해오던 지역들에서 획득한 권위로 그 지역들을 지배할 수 있었습니다. 과거 그 지역을 통치했던 제후들의 혈통이 끊어졌기 때문에 오직 로마 지도자들의 권위만을 받아들였던 것입니다.

위의 모든 사실들을 감안해보면, 알렉산드로스 대왕

---

2 로마의 내전 기간(BC 88~BC 30년)을 의미한다.

은 아시아 국가들을 매우 용이하게 유지한 반면, 피로스*** 등의 정복자들은 점령지 유지에 매우 어려움을 겪었던 것이 의아하지 않습니다. 이처럼 상반된 결과는 정복자의 역량이 탁월하거나 부족해서 생겼다기보다는, 정복된 지역들의 특성 차이에서 발생한 것이기 때문입니다.

* 알렉산드로스 대왕과 헬레니즘 제국

알렉산드로스 대왕Alexandros the Great(BC 356~BC 323)은 변방의 소국 마케도니아를 단숨에 세계의 중심으로 끌어올렸다.

22세에 펠로폰네소스 전쟁으로 힘이 빠져 있는 그리스를 단숨에 평정한 후 동방원정을 시작, 불과 11년만에 인더스 유역까지 정복해서 대제국을 건설했다. 점령지에서 복잡한 매듭을 푸는 자가 세상을 정복한다는 신탁을 듣자 칼로 매듭을 베어버렸다는 '고르디우스의 매듭'은 그의 기백을 보여주는 일화로 유명하다. 하지만 포르투나(운명의 여신)가 외면했던지 불과 33세에 바빌론에서 열병으로 죽고 말았다.

알렉산드로스 대왕의 갑작스러운 죽음 이후 휘하의 장군들(안티고노스, 프톨레마이오스, 리시마코스, 카산드로스, 셀레우코스 등 7인)은 제각기 '디아도코이(후계자)'를 자처하며 제국을 분할해서 통치했다. 그들은 점령지 주민들에게 섭정과 자치를 인정해주고 군대를 주둔시키지 않음으로써 지지를 얻었다. 그래서 오리엔트 인들은 그리스인들과 뒤섞여 살면서 '헬레니즘 문화'라는 독특한 문화를 형성했다. 이 시기 나라들을 '헬레니즘 제국'이라고 한다.

만약 이들끼리 제국 전체를 차지하려는 욕망으로 싸우지 않았다면(BC 301년 입소스 전투) 헬레니즘 제국은 계속 존속했을 것이다. 그런데 디아도코이의 다툼이 시작되었고 그 결과 마케도니아, 시리아, 이집트의 3왕국으로 분열되어버렸다.

** 페르시아 제국의 다리우스 3세

알렉산드로스 대왕이 동방원정에 나섰을 때, 맨처음 맞닥뜨린 상대는 오리엔트의 최강국 페르시아 제국 아케메네스 왕조의 '불사조' 다리우스 3세Darius III(재위 BC 336~BC 330)였다. 22세 애송이 군주가 불사조에게 덤벼드는 것은 누가 봐도 무모해 보였다. 하지만 알렉산드로스 황제는 이수스 전투(BC 333)에서 대승을 거두고 포로들을 정중히 대접해서 주변국들을 무릎꿇렸다. 다리우스 3세는 대열을 정비해서 맞붙은 가우가멜라 전투(BC 331)에서도 대패했다. 거듭된 패배에 부하들은 다리우스를 잡아서 알렉산드로스에게 넘겼다. 알렉산드로스는 적장의 시신을 거둬서 정중하게 장례를 치러줌으로써 페르시아 사람들의 마음을 얻었다.

*** 피로스의 승리란, 이겨도 진 승부

에페이로스Epirus는 마케도니아 서쪽에 면한 작은 왕국이었다. 피로스Pyrrhos(BC 319~BC 272)는 장군 출신의 왕으로, 무술과 병법에 뛰어나 초기 로마에게 두려움의 대상이었다.

그런데 세 차례나 로마군을 대파했는데도(BC 281, BC 280, BC 279) 전쟁이 끝나고 오히려 자기편이 분열되며 무너지자 이렇게 한탄했다고 한다. "로마군과 싸워 한 번 더 이런 식으로 이기다가는 우리가 완전히 멸망할 수도 있겠다."

제 5 장

자신들의 법에 따라서 살아온 도시나 군주국을 정복했다면, 어떻게 다스려야 할까

세 가지 통치 방법

주민들이 스스로 만든 법에 따라서 자유롭게 사는 데에 익숙한 국가(공화국)를 병합했을 경우, 그 나라를 다스리는 데에는 세 가지 방법이 있습니다.

첫째는 그 나라를 철저하게 파괴하는 것이고, 둘째는 그 나라에 가서 직접 살면서 통치하는 것이고, 셋째는 계속해서 그들 자신의 법에 따라서 예전처럼 살게 내버려두면서 공물을 바치게 하고 지속적으로 우호적인 관계를 유지하는 과두제 정부(stato dipochi, oligarchical government)를 세우는 것입니다. 그 과두제 정부는 새로운 군주에 의해 만들어졌기 때문에 그 존속이 군주의 호의와 권력에 달려 있음을 잘 알 것이고, 따라서 최선을 다해 그 체제를 유지하려고 노력할 것입니다. 만약 정복자가 독립을 누리면서 자유로운 제도를 운용하는 데에 익숙한 도시를 파괴하지 않은 채 유지하고자 한다면, 그곳 시민들을 이용하여 다스리는 방법보다 더 쉬운 방법은 없을 것입니다.

과두제 정부

스파르타와 로마가 좋은 예입니다. 스파르타는 아테네[1]와 테베[2]에 과두제 정부를 세워 통치했는데도 불구하고 그 두 나라에 대한 통치권을 잃고 말았습니다. 로

1 스파르타는 펠로폰네소스 전쟁에서 승리해서 아테네를 정복하고 과두제 정부를 세웠는데(BC 404), 이듬해 아테네 시민들은 자유를 쟁취했다.

2 스파르타는 테베에도 과두제 정부를 세웠는데, 에파미논다스 장군과 펠로피다스 장군이 다시 독립을 쟁취했다(BC 382). 149쪽 참고.

마는 카푸아, 카르타고, 누만티아를 다스리기 위해서 그 국가들을 완전히 멸망시켰고,[3] 그 결과 그 국가들을 잃지 않았습니다.

처음에 로마는 (스파르타와 유사한 방법으로) 그리스인에게 자치를 허용하고 그들이 가진 고유의 법에 따라서 살도록 했지만 성공하지 못했습니다. 그리하여 로마는 그리스의 많은 도시들을 파괴할 수밖에 없었습니다. 사실상 도시를 멸망시키는 것이야말로 지배를 확고하게 하는 유일한 방법이기 때문입니다.

자유로운 생활양식에 익숙한 도시의 새로운 지배자가 된 자는 그 도시를 파멸시켜야 하며, 그렇지 않으면 그 도시에 의해서 오히려 자신이 파멸될 것을 각오해야 합니다. 왜냐하면 그 도시는 아무리 시간이 흐르고 새로운 지배자가 부여한 이익이 커져도, 결코 잊혀지지 않는 '자유'와 오래 전부터 전해져 내려온 자율적 제도를 명분으로 삼아 언제든지 모반을 꾀할 수 있기 때문입니다.

---

3 각각 기원전 211년(카푸아), 기원전 146년(카르타고), 기원전 133년(누만티아)에 정부 조직이 파괴되었다.

지배자가 무엇을 하든, 어떠한 조치를 취하고 무슨 대책을 세우든 아무런 소용이 없습니다. 지배자 스스로 내분을 조장하여 그들을 격리시키고 주민들을 분산시켜 놓지 않는다면 그들은 결코 자유라는 이름과 자신들의 오래된 제도를 잊지 않을 것입니다. 피사[4]가 백 년 동안이나 피렌체 지배를 받으면서 그랬던 것처럼, 그들은 유리한 기회만 주어지면 즉시 이를 회복하기 위해서 반란을 꾀할 것입니다.

공화국을 완전히 파멸시켜야 하는 이유

군주의 지배에 익숙한 도시나 국가는, 군주의 혈통이 끊어지거나 제거되면 예전의 지배자는 없어졌더라도 주민들의 복종 습성은 여전히 남아 있습니다. 그들은 자신들 중에서 누구를 군주로 세울 것인가에 관해서도 쉽게 합의하지 못합니다. 게다가 그들은 어떻게 자유로운 생활을 영위할 수 있는지도 모릅니다. 그 결과 그들은

4 1405년 이래로 피렌체의 통치를 받았다. 1494년 샤를 8세의 침입 때 반란을 일으켜서 일시적으로 독립을 쟁취했으나, 1509년 다시 피렌체에게 정복되었다.

지배자에 대항하여 무기를 들고 일어서는 것을 머뭇거립니다. 그러므로 새로운 지배자는 쉽게 그들의 지지를 확보할 수 있고 그들이 자신을 해치지 않을 것이라고 확신할 수 있습니다.

그러나 공화국 시민들에게는 복수에 대한 더욱 확실한 생명력과 더 많은 증오심, 더 강렬한 집념이 있습니다. 그들은 예전에 누렸던, 지금은 잃어버린 자유에 대한 기억을 잊지 않고 결코 잊을 수도 없습니다. 따라서 가장 확실한 방법은 그 국가들을 완전히 파멸시켜버리거나 아니면 직접 그곳에서 거주하면서 다스리는 것입니다.

제 6 장

자신의 군대와 용기로 얻어낸 신생 군주국

존경할 만한 위대한 군주들

완전히 새로운 군주국을 논의하면서 과거 위대한 인물들의 사례를 인용하는 것은 그리 놀랄 만한 일은 아닙니다. 언제나 대부분 자신보다 앞서 살았던 선인들의 뒤를 따르고 그들의 업적을 모방하며 행동하기 때문입니다. 선인들의 행적을 그대로 따르는 일이나 모방하려는 인물들의 역량에 필적하는 일이 항상 가능한 것은 아니지만, 그렇더라도 현명한 사람이라면 항상 훌륭한 선인들이 행했던 방법을 따르거나 뛰어난 업적을 남긴 인물들을 모방하려고 애씁니다. 비록 그들의 역량에 필적하지는 못하더라도 그와 비슷한 업적을 내고자 하기 때문입니다.

노련한 궁수가 아주 멀리 떨어진 곳에 있는 목표물을 향해 활을 쏘는 요령과 같은 것입니다. 이런 경우 궁사는 목표물보다 좀 더 높은 지점을 겨냥하는데, 이는 그 높은 지점을 화살로 맞히기 위한 것이 아니라 목표물을 맞히기 위해서는 바로 그 지점을 겨냥해야 하기 때문입니다.

행운과 역량과 기회

이처럼 새로운 군주가 전적으로 새롭게 수립된 신생 군주국을 다스릴 때 부딪치는 어려움의 정도는 그 군주의 역량에 따라서 좌우됩니다.

평범한 시민이 군주가 된다는 것은 그가 지닌 역량(virtù)이나 행운(fortuna)에 의한 것이기 때문에 이 둘 중 한 요소가 어느 정도까지 어려움을 더는 데에 상당한 도움이 되었을 법합니다. 그럼에도 불구하고 행운에 의존하려는 정도가 낮을수록 그 군주는 자신의 지위를 더욱 잘 유지할 수 있습니다. 그리고 그가 다스려야 할 다른 국가를 가지고 있지 않아 직접 그 국가에 정착해서 다스릴 수밖에 없는 경우라면 더욱 도움이 됩니다.

능력자들 : 모세, 테세우스, 로물루스, 키루스

행운이나 타인의 호의가 아니라, 역량으로 군주가 된 인물들로 모세[1], 테세우스[2], 로물루스[3], 키루스[4] 등이 가장 존경할 만하다고 생각합니다.

모세는 단지 신의 명령을 집행했을 뿐이니 논외라고 생각하는 사람도 있겠지만, 신과 대화할 정도로 은총을 받았다는 것만으로도 그는 존경받을 만합니다. 왕국을

---

1 모세Moses(BC 1500년경)는 이스라엘 민족 통일의 아버지다. 이스라엘 백성을 이집트에서 탈출시켜서, 40여 년간 고생한 끝에 시나이 산에서 십계명을 받았는데, 약속의 땅 가나안을 목전에 두고 사망했다.

2 테세우스Theseus(BC 1300년경)는 아테네의 왕위를 계승한 후, 공화정으로 바꿔서 아테네를 더욱 번영시켰다.

3 로물루스Romulus는 로마의 건국자다(BC 753). 건국신화에 따르면, 쌍둥이 형제 로물루스와 레무스가 왕위 계승권 다툼 때문에 버려졌다가 늑대 젖을 먹고 자라 테베레 강가의 일곱 언덕에 로마를 세웠다.

4 키루스Cyrus(BC 590~BC 529) 대왕은 페르시아 아케메네스 왕조를 열었다.

차지하거나 건국한 키루스 같은 위인들의 행적과 특출한 제도들도 신에게 받았다는 모세의 것과 별반 다를 바가 없습니다.

그들의 행적과 생애를 꼼꼼히 검토해보면 자신에게 주어진 재료를 자신들이 생각한 최선의 형태로 만들어낼 '기회'를 가졌던 것 외에는 '행운'의 덕을 본 것이 전혀 없음을 알 수 있습니다. 그들에게 기회가 없었더라면 그들의 위대한 정신력은 소멸해버렸을 텐데, 마찬가지로 그들에게 위대한 정신력이 없었더라면 기회도 쓸모가 없어졌을 것입니다.

모세가 출현하기 위해서는 이집트인에게 노예로 탄압받는 유대인이 필요했고, 그 결과 유대인이 노예 상태를 벗어나기 위해 그를 따를 준비가 되어 있었던 것입니다.

로물루스도 로마의 건국자이자 왕이 될 수 있으려면, 알바Alba에서 태어나자마자 버려져야 했던 것입니다. 키루스 왕도 오랜 평화로 인해 나약해진 메디아인과, 메디아인의 지배에 불만을 품은 페르시아인이 필요했던 것입니다. 테세우스 역시 아테네인이 뿔뿔이 분열되어 있지 않았다면 자신의 모든 능력을 발휘할 수 없었을 것입니다.

그러므로 이러한 기회들이야말로 위인들을 성공할 수 있게 한 중요한 요인입니다. 그들은 기회들을 비범한 역량으로 알아차려서, 자신들의 국가가 영광을 누리고 크게 번영하도록 이끌었습니다. 이들처럼 자신의 역량으로 어렵게 군주가 된 인물들은 권력을 얻기까지는 시련을 겪지만, 일단 권력을 쥐면 별다른 어려움 없이 국가를 유지합니다.

반대자는 적극적이고 지지자는 미온적이다

국가를 얻는 과정에서 맞닥뜨린 시련은 부분적으로 자신들이 국가를 세운 후 권력을 확고히 하려고 새로운 제도와 법률을 도입하는 과정에서 더욱 커집니다. 새로운 형태의 제도를 만드는 것이 기존의 정책을 집행하는 것보다 훨씬 성공하기 어렵고 위험하며 관리하기도 어렵다는 점을 분명히 알아야 합니다. 왜냐하면 옛 질서로부터 이익을 취하던 모든 사람들은 개혁자에게 아주 적대적이 되는 반면, 새로운 질서로부터 이익을 취하게 될 사람들은 겨우 미온적인 지지자로 남아 있기 때문입니다. 후자들이 미온적인 태도를 보이는 이유는 한편으로는 과거에 자신들만의 법을 이용해서 일방적으로 전횡을 일삼던 적들이 두렵기 때문이고, 다른 한편으로는 새로운 제도를 직접 오래 경험해보기 전까지는 쉽게 신뢰하지 않는 인간의 회의적인 속성 때문입니다.

요컨대 변화에 적의를 가진 세력들은 기회만 생기면 적극적으로 개혁자를 공격하는데 비해, 변화를 지지하는 사람들은 미온적으로 행동할 뿐입니다. 따라서 개혁적인 군주와 미온적인 지지자들은 함께 위험에 빠지게 됩니다.

무장하지 않은 예언자, 사보나롤라

이 문제를 보다 철저하게 검토하려면 개혁자가 다른 세력에 의존하는지 아니면 자신의 의지만으로 행동하는지를 살펴봐야 합니다. 성공하기 위해 다른 세력의 힘에 의존해야 하는지, 아니면 능히 조력을 강요할 수 있는지를 검토할 필요가 있다는 말입니다.

전자의 경우라면 거의 항상 좋은 결과를 이끌어낼 수

없고 아무것도 성취할 수 없습니다. 그러나 자신의 힘만으로도 충분히 조력을 강요할 수 있고 개혁을 주도할 수 있는 자라면 곤경에 빠지지 않을 것입니다.

바로 이러한 이유로, 무장한 예언자는 모두 성공한 반면 무장하지 않은 예언자는 실패했습니다. 왜냐하면 앞에서 언급한 이유 말고도, 백성이 천성적으로 변덕스럽기 때문입니다. 백성에게 믿음을 주입해 설득하기보다, 그 믿음을 확고히 유지시키기가 훨씬 더 어렵기 때문입니다. 따라서 새로운 질서에 의해 계획을 집행하는 데 있어 백성이 당신과 당신의 계획을 더 이상 믿지 않을 경우에는 무력으로라도 믿게끔 강제해야만 합니다.

만약 모세, 테세우스, 로물루스, 키루스에게 무력이 없었다면 자신들이 만든 새로운 정치 체제를 오랫동안 지속할 수 없었을 것입니다. 지롤라모 사보나롤라 Girolamo Savonarola(1452~1498) 수도사[5]가 시민들이 그가 세운 새로운 질서를 더 이상 믿지 않게 되자마자 몰락해버린 것도 마찬가지 이유입니다. 사보나롤라는 자신을 믿었던 사람들의 지지를 유지할 수단도, 그를 믿지 않았던 사람들을 믿게 만들 방법도 없었던 것입니다.

역량을 가진 인물들의 성공

따라서 유능한 개혁자들은 개혁을 수행하면서 많은 시련을 겪습니다. 모든 어려움들은 그들이 개혁을 시작한 후에 다가오며 수많은 위험에 직면하지만, 그들은 역량으로 극복해내야만 합니다. 일단 그들이 위험을 극복하고 자신들의 성공을 시기하는 세력을 제거함으로써 존경받기 시작하면 그들은 강력하고 안정적인 상태에서 존경을 한 몸에 받는 성공한 지도자로 남게 되는 것입니다.

---

5 페라라에서 태어났으나, 피렌체에서 화형을 당해서 죽었다. 도미니크회 수도사이자 종교개혁가로서, 메디치 가문이 추방당한 피렌체에서 정의 구현과 종교 개혁을 외쳤다. 사치품을 불태우는 등 원칙에 충실한 정책을 펴서 처음에는 피렌체인들이 열렬히 지지했는데, 점점 신비주의적인 주장을 펴고 기득권층으로 변해서 지지를 잃었다. 결국 교황 알렉산데르 6세에게 파문당했다.

시라쿠사의 히에론

조금 덜 유명하지만 중요한 한 가지 사례를 추가해 살펴보겠습니다. 바로 시라쿠사의 히에론Hieron II(BC 306~BC 215) 왕입니다. 히에론은 일개 시민에서 시라쿠사의 군주에 올랐습니다. 그는 기회를 잘 활용했는데, 그 기회를 제외한다면 그의 성공은 전혀 행운으로 얻은 것이 아닙니다. 시라쿠사인들은 절망적인 위기 상황[6]에서 탄압받을 때 그를 지도자로 뽑았습니다. 그는 지도자의 자리에서 군주가 되기에 충분한 역량을 가졌음을 스스로 증명했습니다. 그는 평민이었을 때도 자신의 능력을 최대한 발휘했기에 '그에게 부족한 것이 있다면 다만 다스릴 왕국이 없다는 점이다'라는 기록이 전해져 내려올 정도입니다.

그는 기존의 군대를 해체하고 새로운 군대를 조직했으며, 예전의 동맹은 폐기하고 새로운 동맹을 체결했습니다. 자신의 군대와 믿을 만한 동맹을 기반으로 그가

6 마메르티니(현재의 메사나) 출신의 캄파니아 용병부대가 시라쿠사를 공격했을 때를 말한다(BC 270).

원하던 조직을 만들고 국가를 세울 수 있었습니다. 따라서 그는 권력을 얻는 데에는 힘이 들었지만 유지하는 데에는 큰 어려움이 없었습니다.

제 7 장

타인의 군대와 행운으로 얻은 신생 군주국

경험이 없는 지배자가 겪는 어려움

일반 시민에서 단지 운이 좋아서 군주가 된 경우에는 그 권력을 유지하기가 매우 어렵습니다. 처음에는 아무런 장애물 없이 쉽게 군주의 자리에 올랐겠지만, 군주의 자리에 앉은 순간부터 온갖 문제들이 발생하기 때문입니다.

바로 국가나 영토를 돈으로 사거나, 타인의 특별한 호의로 영토를 증여받아 국가를 얻은 경우입니다. 이오니아[1]와 헬레스폰토스[2] 등지의 도시국가들에서 많이 볼 수 있는데, 다리우스 왕[3]이 자신의 권력을 확실히 유지하고 영광을 드높이기 위해 그곳에 다수의 지배자들을 임명했기 때문입니다. 다른 사례로는 일반 시민이 군대를 뇌물로 매수하여 로마 황제에 오른 경우도 있습니다.

이런 자들의 지위는 전적으로 그들을 군주로 만들어 준 사람의 의지와 호의에 달렸는데, 이 두 가지 요소야말로 지극히 불확실하고 불안정한 것입니다. 이런 인물들은 자신의 지위를 지킬 줄을 모르고, 유지할 능력도 없습니다.

이들은 통치술이 없는데, 특출난 지능과 역량을 가지고 있지 않는 한 일개 시민으로만 살아온 그들이 명령하고 통치하는 방법을 알 리가 없기 때문입니다. 이들은 권력을 유지할 능력도 없으니, 우호적이고 충성스러운 세력을 가지고 있지 않기 때문입니다. 그러나 무엇보다도, 갑자기 성장한 국가는 태어나서 급속하게 성장한 모

---

1 에게해 동쪽 지역, 즉 소아시아(아나톨리아 반도)의 서부 연안

2 다르다넬스 해협

3 63쪽 참고

든 자연물들처럼 충분히 튼튼한 뿌리를 내리고 줄기와 가지를 뻗을 여유가 없기 때문에 처음으로 만난 악천후에도 쉽게 파괴됩니다.

갑자기 군주가 된 사람들이 자신의 품에 안겨진 것을 위해서 어떤 준비를 신속히 해야 하고 주어진 행운을 어떻게 지켜나가야 하는지, 다른 사람들이 군주가 되기 전에 쌓아둔 토대와 관계를 나중에라도 어떻게 만들어내야 하는지를 모르고 있는 한 이러한 사태는 일어나게 마련입니다.

군주가 되는 두 가지 방법, 즉 자신의 역량에 의한 방법과 행운과 타인의 호의에 의한 방법을 최근의 두 가지 사례를 통해 보여드리고자 합니다. 바로 프란체스코 스포르차와 체사레 보르자의 이야기입니다.

프란체스코 스포르차, 역량으로 탄생한 신생 군주

프란체스코 스포르차[4]는 상황에 어울리는 적절한 수단과 자신의 역량을 바탕으로 평범한 시민에서 밀라노

---

4 18쪽 참고

의 공작이 되었습니다. 그는 수많은 시련을 겪은 끝에 얻은 지위를 별다른 어려움 없이 유지할 수 있었습니다.

체사레 보르자, 행운과 호의에 기댄 신생 군주

반면에 흔히 발렌티노 공작이라고 불리는 체사레 보르자는 아버지(타인)의 호의를 통해서 그 지위를 얻었다가, 아버지의 호의가 사라지자마자 그 지위를 잃었습니다. 타인의 힘과 호의로 제공받은 영토에 뿌리내리기 위해서 유능한 사람이라면 당연히 해야 하는 일을 사려 깊게 모두 다 수행하고 모든 조치를 다 취했는데도 그렇게 되어버린 것입니다. 왜냐하면, 앞에서 말했듯이, 처음부터 자신의 역량으로 토대를 구축하지 못한 자는 나중에라도 자신의 위대한 능력으로 기반을 구축할 수는 있겠지만, 그것은 그에게 수많은 시련을 안겨주는 무척 어려운 일이며 그렇게 일으켜 세운 구조물 역시 매우 불안정하기 때문입니다.

발렌티노 공작의 행적을 살펴보면, 그가 권력을 얻기 위해서 필요한 강건한 토대를 성공적으로 구축했음을 알 수 있습니다. 신생 군주에게 제공할 만한 모범적인 선례로 그가 밟아나간 각 단계들을 보여주는 것보다 더 좋은 것은 없다고 생각합니다. 그의 계획이 최종적으로는 비록 실패하고 말았지만, 그의 실수에 의한 것이 아니라 전적으로 예외적이며 극단적인 불운의 결과였습니다.

알렉산데르 6세와 루이 12세의 원조

교황 알렉산데르 6세*는 아들인 발렌티노 공작**을 위대한 인물로 키우는 과정에서 당시에는 물론 장래에도 많은 문제들을 해결해야만 했습니다.

우선, 그는 아들을 군주로 만들고 싶었지만 방법을 찾을 수가 없었습니다. 그렇다고 자신이 교황령(state of the Church)의 일부를 떼어주면 밀라노 공작(루도비코 스포르차)과 베네치아가 용납하지 않을 것임을 잘 알았습니다. (파엔차와 리미니가 이미 베네치아의 보호 아래 있었기 때문입니다.)

게다가 이탈리아의 군대, 특히 교황이 가장 수월하게 사용할 수 있었던 군대가 교황권을 가장 견제하는 세력들에게 장악되어 있었습니다. 즉, 오르시니Orsini 파와 콜론나Colonna 파***가 장악하고 있어서 알렉산데르는 군대를 마음대로 사용할 수가 없었습니다.

따라서 이러한 국가들의 영토 중 일부라도 확고하게 차지하려면 이탈리아 국가들 사이의 기존 질서를 흔들어 불안정하게 만들 필요가 있었습니다. 교황의 이런 계획은, 베네치아가 내분으로 프랑스 세력을 다시[5] 끌어들이기로 결정한 것을 알았기 때문에 간단히 실행에 옮겨졌습니다. 교황은 베네치아의 결정에 반대하지 않는 정도가 아니라, 프랑스 루이 왕의 첫 번째 결혼을 취소시켜줌으로써 그 계획이 더 쉽게 진행되도록 했습니다. 그래서 결국 프랑스 왕이 베네치아의 지원과 교황의 묵인으로 이탈리아에 침입해서 밀라노를 점령하자마자, 교황은 로마냐 지방 공략에 나설 군대를 루이 왕으로부터 지원받았습니다.

5 1494년 샤를 8세의 침입이 아니라, 1499년 루이 12세의 침입을 의미한다.

체사레 보르자, 용병의 한계를 느끼다

발렌티노 공작은 로마냐 지방을 점령하고 콜론나 파를 제압한 다음 점령지를 유지하면서 영토를 확장하려 할 때 두 가지 방해물을 발견했습니다. 군대의 충성심에 의문이 생겼고, 프랑스 왕의 진의를 알 수 없었던 것입니다. 즉 자신이 지휘하는 오르시니 파의 군대가 자신을 지지하지 않을 뿐 아니라 자신의 영토 확장을 방해하고 이미 획득한 영토마저 빼앗을지 모른다고 생각했습니다. 또 프랑스 왕도 자신이 점령한 영토를 빼앗지 않을까 염려스러웠습니다.

발렌티노 공작이 오르시니 파 군대의 충성심에 대한 의문이 생긴 이유는 파엔차를 점령한 후 볼로냐로 진격했을 때 군대가 마지못해 소극적으로 공격했기 때문입니다. 프랑스 왕에 대한 우려는, 공작이 우르비노 공국을 점령하고 토스카나로 진격할 때 프랑스 왕이 그 공격을 단념하도록 종용했기 때문입니다. 그 결과 공작은 더 이상 그 군대와 호의에 의존하지 않기로 결심했습니다.

세니갈리아의 학살

발렌티노 공작은 우선 로마에 있는 오르시니 파와 콜론나 파를 약화시키기로 했습니다. 그래서 두 세력을 따르던 모든 귀족들에게 재물을 넉넉히 주어서 자신의 추종자로 만들고 두 파벌의 세력을 위축시켰습니다. 또한 그들을 능력에 따라 대우하고, 지위에 따라 군 지휘권과 관직을 부여했습니다. 그러자 불과 수개월 만에 그들은 예전의 파벌에 대대로 바치던 충성심을 버리고 공작에게 충성했습니다.

발렌티노 공작은 먼저 콜론나 파 지도자들을 분열시킨 후 오르시니 파 지도자들을 제거할 기회를 노렸습니다. 그리고 마침내 좋은 기회가 생기자 적절히 활용했습니다. 오르시니 파 지도자들이 교회와 발렌티노 공작의 세력이 강력해지면 자신들을 파멸시키리라는 점을 뒤늦게 깨닫고 페루자 지방 마조네에서 회합을 가졌습니다. 그 회합의 결과로 우르비노 지역의 반란, 로마냐 지방의 소요 등 무수히 많은 위험이 끝없이 공작에게 들이닥치지만 공작은 프랑스의 도움을 받아 이 모든 위험을 극복해갔습니다.

이른바 '마조네의 난' 이후 공작은 프랑스 왕을 비롯한 다른 모든 외부세력을 신뢰하지 않게 되었고, 그들에게 의존해 위험해지는 상황을 피하기 위해 속임수를 썼습니다. 그는 자신의 의도를 교묘하게 숨기고 파올로 오르시니Paolo Orsini와 회담을 해서 그들과의 화해를 원한다고 말했습니다. 공작은 파올로에게 확신을 심어주고 안심시키려고 매우 정중하게 대접하고 돈, 화려한 의복, 말을 주었습니다. 그러자 오르시니 파는 단순하게 공작의 말을 굳게 믿고 세니갈리아로 와서 공작의 수중에 들어갔습니다. 공작은 그 지도자들을 죽이고 그들의 추종자들을 자신의 편으로 만들어서 확고한 권력 기반을 마련했고, 우르비노 공국을 비롯한 로마냐의 전 지역을 장악했습니다. 로마냐가 그의 지배 아래에서 번영을 누리기 시작하자, 로마냐 주민의 민심이 발렌티노 공작에게 향했고 전폭적인 지지를 보냈습니다.

비난은 남이 듣게 하라

발렌티노 공작이 로마냐 지역에서 시행한 정책은 널리 알릴 만하고, 다른 사람들이 모방할 만한 가치가 있기 때문에 조금 더 논의해보겠습니다. 로마냐 지방은 무능한 영주들이 다스려왔습니다. 백성을 올바르게 다스리기는커녕 그들을 약탈했고, 단결시킨 것이 아니라 분열시켜왔던 것입니다. 그 결과 도둑이 들끓고 온갖 불법이 횡행했습니다. 공작은 그 지역을 평화롭게 다스리고 백성을 자신의 권위에 복종시키기 위해서 정의로운 정부를 수립할 필요가 있다고 판단했습니다.

발렌티노 공작은 레미로 데 오르코Remirro de Orco[6]라는 잔인하지만 유능한 부관을 로마냐에 파견하고 전권을 위임했습니다. 레미로는 짧은 시간 내에 로마냐에 질서를 세우고 평화를 가져와 백성에게 좋은 평판을 얻었습니다.

그 후 공작은 레미로에게 너무 큰 권한이 주어지는 것은 더 이상 불필요하며 그의 권한으로 훗날 성가시게 되는 것이 바람직하지 않다고 생각했습니다. 그래서 그 지

6 체사레 보르자의 부관. 1501년 로마냐 영주로 파견되어 강력한 통치를 펴다가 1502년 12월 26일 체사레에게 참수당했다. 마키아벨리는 당일 저녁 레미로의 시신이 전시된 무시무시한 장면을 상세하게 써서 본국에 보고했다.

역 중심부에 시민 재판소를 설치해서 권위있는 재판장이 관장하게 했고, 각 도시별로 법률가를 파견하도록 했습니다. 공작은 그동안 행해온 엄격한 조치들을 백성이 원망하고 있음을 알았기 때문에, 백성의 마음을 위로해서 자신을 지지하게 만들고자 했던 것입니다. 그동안 행해진 잔인한 조치들은 모두, 자신이 시킨 것이 아니라 대리인인 레미로의 잔인한 성품에서 비롯된 것임을 보여주려 했던 것입니다.

이러한 계획을 실행할 기회를 포착한 어느 날 아침, 공작은 체세나 광장에 두 토막이 난 레미로의 시체를 단두대 및 피 묻은 칼과 함께 놓아두었습니다. 이 참혹한 광경을 직접 목격한 백성들은 만족감과 동시에 당혹감을 느꼈습니다.

미래를 대비한 체사레의 외교정책

자, 다시 본론으로 돌아가겠습니다. 이제 발렌티노 공작은 원했던 군대를 거느리게 되었고 자신이 영토를 확장할 때 위협이 될 수 있는 주변 세력들을 대부분 진압했습니다. 공작은 대단히 강력한 힘을 갖춘 셈이었으며 기존의 위험에서 어느 정도 안정을 확보하였습니다. 또한 더 많은 영토를 병합하려 했기 때문에, 이제는 프랑스 왕에게 대단히 신중한 태도를 유지했습니다. 자신의 실책을 뒤늦게 깨달은 프랑스 왕이 공작의 영토 확장 계획을 더는 용납하지 않으리라는 점을 알았던 것입니다.

그래서 공작은 새로운 동맹을 찾는 한편, 가에타를 포위 중인 에스파냐 군대와 싸우기 위해 나폴리 왕국에서 군사행동을 하고 있던 프랑스 왕에게 협력했습니다. 프랑스 군대로부터 자신의 안전을 확보하려는 의도였습니다. 만약 교황 알렉산데르 6세가 죽지 않았더라면 그의 계획은 쉽게 성공했을 것입니다.

그가 행한 정책들은 현재 당면한 상황에 대한 조치였습니다. 그러나 앞날에 생길 일들에 있어서는 두려움이 있었습니다. 새 교황이 자신에게 적대적일 경우, 아버지(교황 알렉산데르 6세)가 그에게 주었던 것들을 빼앗으려 할 것이라는 걱정이었습니다. 그래서 공작은 그런 가능성으로부터 자신을 보호할 네 가지 대책을 세웠습니다.

첫째, 공작 자신이 빼앗은 영토의 이전 지배자들의 혈통을 모두 끊어 새 교황이 그들에게 권력을 줄 수 있는 기회 자체를 없애려 했습니다. 둘째, 이미 언급했듯이, 로마 내의 모든 귀족들을 자신의 편으로 끌어들여서 그들에게 새 교황을 견제시키려 했습니다. 셋째, 최대한 추기경 회의단을 자신의 세력으로 만들려 했습니다. 넷째, 아버지가 죽기 전에 할 수 있는 한 자신의 권력을 확장하여 외부의 공격을 받더라도 동맹국들의 도움 없이 자신의 힘으로 물리칠 수 있도록 대비하려 했습니다.

교황 알렉산데르 6세가 죽을 무렵 세 가지 목표는 성취된 상태였고, 네 번째도 거의 이뤄지고 있었습니다. 그는 자신에게 영토를 빼앗긴 옛 지배자들의 가족들을 수없이 살해했으니, 극소수만이 화를 모면할 수 있었습니다. 로마 귀족들의 환심도 얻어냈고, 추기경들도 자기 편으로 끌어들였습니다.

그는 권력 확장에 있어서는 토스카나 지방의 영주가 될 계획이었습니다.[7] 이미 페루자와 피옴비노는 장악했고, 피사도 그의 보호 아래 있었던 것입니다. 그래서 프랑스를 더 이상 두려워할 필요가 없어지자 즉시 피사를 급습했습니다. 프랑스가 에스파냐에게 나폴리 왕국을 빼앗겨서, 두 강대국이 서로를 견제하기 위해 공작에게 경쟁적으로 동맹을 제안하는 상황이었기 때문입니다.

그러자 피렌체 주변국인 루카와 시에나가, 한편으로는 피렌체에 대한 앙심에서, 다른 한편으로는 공작에 대한 두려움에서 즉각 항복했습니다. 피렌체는 그것을 막을 대책이 전혀 없었습니다.

이 모든 계획은 교황 알렉산데르 6세가 죽은 바로 그 해에 완성될 수 있었습니다. 공작이 이 모든 계획에서 성공했더라면 그는 막강한 군사력과 명성을 얻고, 자신만의 권력을 구축하고, 더 이상 타인의 호의나 군대에 의존할 필요 없이 자신의 힘과 역량으로 자립했을 것입니다.

체사레가 예상치 못한 비운

그런데 교황 알렉산데르 6세가 갑자기 세상을 떠났습니다. 발렌티노 공작이 칼을 뽑아 든 지 5년 만이었습니다. 로마냐 지방만 확고하게 장악했을 뿐, 나머지 영토

---

7 로마냐 지방(이탈리아 반도의 중부)을 차지하고 보니 남북으로 각각 강국이 버티고 있었기 때문에, 서쪽 토스카나 지방을 병합해서 로마까지 아우르는 국가를 세우려는 목표를 세웠다.

는 적대적인 두 강국[8] 사이의 허공에 남겨진 상태였습니다.

게다가 공작도 크게 앓아누웠습니다. 공작은 강인한 정신력과 탁월한 역량을 갖추었고, '사람은 자기편으로 끌어들이거나 철저히 파멸시켜야 한다'는 것을 정확히 알고 있어서 비록 단기간이지만 권력의 기반을 성공적으로 견고히 구축했습니다. 그렇기 때문에 건강했거나 그처럼 강력한 군대와 맞서지 않았더라면 이 모든 곤경을 다 극복해냈을 것입니다.

공작의 권력 토대가 견고했음은 로마냐 사람들이 한 달 이상 그가 돌아오기를 기다렸다는 점에서 알 수 있습니다. 그리고 로마에서 그는 거의 반죽음의 상태였는데도 아무런 위협을 받지 않았습니다. 발리오니Baglioni 파, 비텔리Viteli 파, 오르시니Orsini 파의 지도자들이 로마를 찾아왔지만 공작에 반한 어떠한 반란도 일으킬 수 없었습니다.

공작은 비록 자신이 원하는 추기경을 교황으로 만들

8 가에타에 있는 에스파냐, 로마에 있는 프랑스

수는 없었지만 적어도 자신이 반대하는 사람이 교황으로 선출되지 못하도록 영향력을 줄 수는 있었습니다. 교황 알렉산데르 6세가 죽었을 때 그가 건강하기만 했더라도 모든 일은 잘 풀렸을 것입니다. 율리우스 2세가 교황으로 선출되던 바로 그 날, 공작은 저에게 이렇게 말했습니다. "나는 아버지가 죽었을 때 일어날 수 있는 모든 일을 미리 생각해두었고 그에 대한 대비책도 모두 세워두었는데, 단 한 가지, 아버지가 죽음을 맞이할 때 나도 생사의 기로에 있을 것이라고는 결코 상상하지 못했다."

신생 군주 모델로서의 발렌티노 공작

지금에 와서 공작의 모든 활동을 검토해볼 때, 저는 그를 비판하고 싶은 마음이 없습니다. 오히려 타인의 군대나 타인의 호의로 권력을 차지한 모든 사람들이 그를 귀감으로 삼을 만하다고 생각합니다. 왜냐하면 원대한 목표와 큰 뜻을 품고 있었던 그가 지금까지 살펴본 것과 다르게 행동할 도리가 없었기 때문입니다. 단지 그의 모든 계획은 자신의 아버지인 교황 알렉산데르 6세의 단명과 자신의 병에 의해 좌절된 것입니다.

그러므로 새롭게 군주국을 차지했는데 적들로부터 자신을 안전하게 지킬 필요가 있다고 생각하는 군주라면, 다른 누구보다도 발렌티노 공작의 행적에서 모범을 찾을 수 있을 것입니다. 즉 적에게 효과적으로 대처하는 것, 우호 세력과 동맹을 맺는 것, 무력이나 속임수로 정복하는 것, 백성들로부터 사랑받는 동시에 두려움의 대상이 되는 것, 군대로부터 복종과 존경을 받는 것, 당신에게 해를 가할 수 있는 자들은 모두 무력화시키거나 제거하는 것, 옛 제도를 새 제도로 개혁하는 것, 잔인하면서 친절하고 관대하면서 대범한 것, 불충한 군대를 해체하고 새로운 군대를 조직하는 것, 그리고 주변국 왕들과 동맹을 맺어 그들이 기꺼이 도움을 베풀어주되 함부로 공격할 수는 없게 만드는 것 등의 모든 본보기로서 발렌티노 공작의 행적보다 더 훌륭한 모범은 없습니다.

공작의 큰 실수 : 나를 두려워하는 사람을 믿지 말라

공작에 대해 비판할 실수가 있다면 그것은 오직 교황 율리우스 2세의 선출에 대한 일인데, 그것은 정말로 잘

못된 선택이었습니다. 그는 비록 자신이 선호하는 교황을 선출할 수는 없었어도, 적어도 자신이 반대하는 인물이 교황이 되는 것은 막을 수 있었습니다. 그리고 공작은 자신이 피해를 준 적이 있거나 교황이 되었을 때 자신을 두려워할 만한 추기경이 선출되는 것을 결코 허용하지 말았어야 했습니다. 왜냐하면 인간이란 자신이 두려워하거나 증오하는 타인에게 해를 끼치기 때문입니다.

발렌티노 공작에게 피해를 당했던 추기경으로 산 피에로 애드 빈쿨라[9], 조반니 콜론나[10], 산 조르지오[11] 그리고 아스카니오 스포르차[12] 등이 있고, 아마 다른 추기경들도 교황이 되면 공작을 두려워했을 것입니다. 다만 예외적으로 루앙의 추기경[13]과 에스파냐 출신의 추기

---

9 San Piero ad Vincula. 본명은 줄리아노 델라 로베로, 즉 교황 율리우스 2세다.

10 Giovanni Colonna

11 San Giorgio. 본명은 라파엘로 리아리오다.

12 Ascanio Sforza

13 Georges d'Amboise. 루앙의 대주교인 조르주 당부아즈다.

경만이 그를 두려워하지 않았을 것입니다. 루앙의 추기경은 프랑스 왕국과 연합하여 힘이 강했기 때문이고, 에스파냐 출신의 추기경은 공작과 같은 나라 사람으로 그에게 은혜를 입은 적이 있었기 때문입니다. 그러므로 공작은 어느 누구보다도 에스파냐 출신의 추기경을 교황으로 만들어야 했고, 그것이 여의치 않다면 산 피에트로 애드 빈쿨라가 아닌 루앙의 추기경이 선출되도록 해야 했습니다.

높은 지위에 있는 사람들에게 새로운 은혜를 베푸는 것으로 자신이 과거에 입혔던 피해를 잊도록 할 수 있다고 믿는 것은 스스로를 기만하는 일입니다. 그러므로 공작은 차기 교황 선출에서 치명적인 실책을 범한 것이며 궁극적으로 자신의 파멸을 자초한 것입니다.

* 교황 알렉산데르 6세, 세속적 권력까지 탐하다

피렌체에서 '위대한 로렌초'가 허무하게 스러져 버렸던 1492년, 로마 교황청에는 전례 없이 강력한 권력욕을 내보이는 교황 알렉산데르 6세Alexander VI(1431~1503. 재위 1492~1503)가 등장했다. 본명이 로드리고 보르자Rodrigo Borgia인 에스파냐 출신의 이 성직자는 로마를 다시 세계 권력의 중심으로 만들기를 원했고, 이를 위해 외세와 자신의 아들(!) 체사레 보르자를 이용했다.

알렉산데르 6세는 즉위하자마자 체사레를 교황청으로 불러들여 추기경으로 임명하는 등 부지런히 세력 구축에 나섰다. 하지만 1494년 이탈리아를 침략한 프랑스 왕 샤를 8세가 로마까지 밀고들어와서 잠깐이지만 인질 신세가 되었다. 체사레의 외교력과 반프랑스 동맹(밀라노, 베네치아, 신성로마제국. 타로 강변의 포르노보 전투)으로 물리쳤지만, 교황의 권력 의지는 더 강해졌다.

그래서 1499년 루이 12세가 재침입했을 때는 미리 협력해서, 체사레에게 '발렌티노 공작' 작위와 '교회군 총사령관' 직위를 주고, 군대를 조직해서 이탈리아 반도 중부 지역을 장악해버렸다.

그러나 포르투나(운명의 여신)가 등을 돌린 것일까. 1503년 알렉산데르 6세는 갑자기 말라리아에 걸려 사망했다. 설상가상 아들 체사레까지 중병으로 앓아누우면서 '보르자 부자'의 야망은 좌절되었다. 차기 교황에 피우스 3세가 즉위하지만 고작 26일만에 죽으면서, 체사레와 원한 관계인 율리우스 2세Julius II가 즉위했던 것이다. 체사레는 쫓겨다니는 신세로 전락해버렸다.

**** 교황의 사생아 체사레 보르자, 운명 앞에 스러지다**

체사레 보르자Cesare Borgia(1475~1507). 교황의 사생아로 태어나 대주교, 추기경, 발렌티노Valentinois 공작, 교회군 총사령관, 그리고 로마냐 공국의 영주가 된 인물. 무엇보다도 마키아벨리가 '이탈리아의 통일군주'가 되어주기를 고대했는데 운명 앞에 꺾여버린, 《군주론》의 실제 모델이 된 군주.

1492년 아버지 알렉산데르 6세를 따라 교황청에 입성했다.

1493년 발렌티노 대주교 및 추기경에 임명되었다.

1494년 12월 31일 로마가 프랑스 샤를 8세 군대에게 약탈당하고 불타는 광경을 아버지와 함께 교황청에 갇혀서 목격했다. 하지만 이듬해 포르노보 전투로 프랑스 군대를 내쫓았다.

1499년 재침략한 루이 12세를 이용해서 발렌티노 공작(나바라 왕의 여동생과 결혼)이 되고, 교황의 지원으로 교회군 총사령관에 오른 후, 이탈리아 중부 지방을 빠르게 정복해서 로마냐 공작까지 거머쥐었다. 이후 북쪽의 베네치아와 남쪽의 나폴리의 경계가 심해지자, 체사레는 서쪽 토스카나 지방(피렌체, 볼로냐, 피사 등지)을 공격했으니 이때 마키아벨리가 전쟁을 막기 위한 협상단으로 오가며 공작을 대면했다. 그런데 이때 루이 12세가 피렌체와 볼로냐 편을 들면서 체사레의 계획을 꺾었다.

한편 빠른 시간에 넓은 영토를 점령한 부작용으로 여러 반란이 일어났는데, 1502년 12월 발렌티노 공작은 이것을 단호하게 제압했다. 이 모습을 마키아벨리는

《군주론》 여기저기에 거론했으니, 로마냐 공국의 관료로 레미로 데 오르코를 파견했다가 희생양으로 삼아 참수한 일, 마조네의 난을 일으킨 용병대장들을 세니갈리아 학살로 용서 없이 처단한 일 등이다.

1503년 주변국 견제로 잠시 주춤했던 정복 활동을 재개하려던 시점에 아버지가 갑작스럽게 죽고, 자신마저 사경을 헤매는 병에 걸리면서 기득권을 일시에 빼앗겼다. 특히 보르자 가문에 적대적인 율리우스 2세가 교황이 되자 쫓겨다니다가 나폴리에서 체포, 1504년에 스페인으로 추방되어 메디나 델 캄포의 모타 성에 감금되었다. 2년만에 처남(나바라 왕국의 후안 3세)의 도움으로 탈출하지만 1507년 비아나에서 포위당해서 사살되었다.

*** 겔프와 기벨린은 왜 이탈리아에서 격돌했나

십자군 전쟁의 실패로 교황이 권위를 잃은 틈에 여러 세속 제후들이 세력 확장을 꾀했다. 신성로마제국, 십자군에서 활약했던 프랑스 왕국, 레콩키스타에 성공한 에스파냐 왕국 등이, 때마침 비등한 강국들이 분열해서 격돌하고 있어서 오히려 권력 공백 상태인 이탈리아 반도를 파고들었다.

이때 교황이 다시 세력 확장을 꾀하자 로마 귀족이 교황파와 황제파로 갈라져 싸웠다. 오르시니Orsini 가문이 겔프Guelf(교황당)를, 콜론나Colonna 가문이 기벨린Ghibelline(황제당)을 이끌었다. 1502년 12월 31일 세니갈리아 학살은 이런 배경에서 나왔다.

제 8 장

극악무도한 행위로 군주가 된 인물들

평범한 시민에서 군주가 되는 방법

평범한 시민에서 군주가 되는 방법에는 두 가지가 더 있는데, 이 방법들은 전적으로 행운이나 역량에 의한 것이라 볼 수 없는 것이어서 논의에서 빼고 싶지 않습니다. 그중 한 가지는 공화국을 다룰 때 자세하게 논의하겠습니다.

이 두 가지 방법은 전적으로 부정하고 사악한 수단들을 사용하여 군주의 자리에 오르는 것과, 일개 시민이 동료 시민들의 지지를 받아서 군주가 되는 방법입니다.

이제 첫 번째 방법을 검토하면서 저는 고대와 현재의 두 가지 사례를 들 것인데, 이런 식으로 권력을 잡는 방법의 장점은 언급하지 않겠습니다. 이런 방법을 모방하려는 사람에게는 두 개의 예시만으로 충분할 것이기 때문입니다.

아가토클레스의 성공

시칠리아의 아가토클레스Agathocles(BC 361~BC289)는 평민 중에서도 아주 미천하고 보잘것없는 가문에서 도공의 아들로 태어났는데 시라쿠사의 왕이 되었습니다. 그는 아주 파렴치하게 살았는데, 그 악행들에도 불구하고 강인한 정신력과 신체를 가져서 군대에 들어가 모든 단계를 헌신적으로 거쳐서 시라쿠사 군 사령관까지 되었습니다.

사령관으로서의 지위가 확고해지자 그는 군주가 되기로 결심했습니다. 그것도 그를 군주로 인정해주는 시민들의 의지의 도움 없이 자신의 힘만으로 권력을 강탈하는 방법으로 말입니다. 그래서 그는 자신의 군대를 이끌고 시칠리아에서 전투를 수행 중이던 카르타고의 하밀카르와 음모를 꾸몄습니다.

어느 날 아침 그는 공화국의 중대사를 논의하기 위한 것처럼 가장하여 시라쿠사의 원로들과 재력가들을 한자리로 모았고, 사람들이 다 모이자 사병들에게 약속된 신호를 줘서 그 자리에 있던 모든 사람들을 죽였습니다. 그는 시민들의 저항 없이 도시를 장악했고 통치권을 확보했습니다.

이후 그는 두 번이나 카르타고 군에게 패배해 도망치다가 포위공격까지 당했는데, 포위된 도시를 방어할 능력이 있음을 보여주었습니다. 심지어는 포위공격을 방어할 군대의 일부만 남겨두고 나머지 병력을 이끌고 아예 아프리카 본토를 공격해서, 아주 짧은 시간 내에 카르타고 군의 포위에서 시라쿠사를 구하고 오히려 적들을 궁지에 몰아넣었습니다. 결국 카르타고는 그와 평화협정을 맺지 않을 수 없었고, 시칠리아를 아가토클레스에게 넘겨주고 아프리카 본토로 철수하는 것으로 만족해야만 했습니다.

악행으로는 진정한 영광을 얻을 수 없다

아가토클레스의 행적과 역량을 꼼꼼히 검토해보면, 그의 성공에 행운은 아무런 역할을 하지 않았고, 했더라도 아주 미미한 역할만 했음을 알 수 있습니다. 그는 누구의 도움도 없이 오직 스스로의 힘으로 군대에서 수많은 곤경과 위험을 헤치며 높은 지위에 올라갔고, 대담하고 위험이 따르는 많은 결정을 통해 군주가 되었기 때문입니다.

그러나 그가 동료 시민들을 죽이고, 친구들을 배신하고, 신의 없이 처신하고 무자비하고 신앙심 없는 행동을 한 것을 역량(virtù)이라고 부를 수는 없습니다. 악행을 통해서 권력을 얻을 수는 있겠지만 영광을 얻을 수는 없습니다.

만약 아가토클레스에게서, 위기에 대담하게 맞서고 그 위기를 헤쳐나오면서 보여준 역량과, 적들과 맞서 싸우고 승리를 쟁취해내는 불굴의 의지만을 고려한다면, 그는 세상의 어떤 유능한 장군과 비교해도 손색이 없을 정도라고 판단됩니다. 그럼에도 불구하고 그가 무수히 저지른 잔인하고 비인간적인 행동과 악행들로 인해서 그는 다른 위인들과 똑같이 훌륭한 사람으로 평가받을 수 없습니다.

올리베로토의 비열한 계략

페르모의 올리베로토*는 아버지를 일찍 여의고 외삼촌인 조반니 폴리아니의 손에서 자랐습니다. 청년 시절에 파올로 비텔리 휘하의 군인으로 훈련받았고, 적당한 시기에 군의 고위직에 오르기로 되어 있었습니다. 그러나 파올로가 처형되자 그의 동생인 비텔로초 휘하로 들어갔습니다. 그는 뛰어난 지능과 강인한 몸과 정신의 활력을 바탕으로 단시일 내에 비텔로초 군의 지도자가 되었습니다.

그러나 올리베로토는 남을 위해 일하는 것을 굴욕적이라고 생각했기 때문에, 비텔로초 추종자들의 지원과 조국의 자유보다는 노예 상태를 더 좋아하는 페르모의 일부 시민들[1]의 도움으로 페르모를 장악하기로 결심했습니다.

올리베로토는 조반니 폴리아니에게 편지를 써서, 오랫동안 고향으로부터 멀리 떨어져 살았더니 고향으로 돌아가 숙부와 조국이 보고 싶고 자기에게 남겨진 유산도 직접 확인하고 싶다고 말했습니다. 이어서 자신이 고향을 떠나 노력한 이유는 오직 명예를 얻기 위한 것이었으니, 고향 시민들에게 자신의 노력이 헛된 것이 아니었음을 보여주고 싶다고 했습니다. 즉, 명예로운 귀환 방식으로써 자신의 친구들과 부하들 중에서 선발한 100명의 기병대와 함께 도착하겠다는 것입니다. 나아가 페르모의 시민들이 자신에 어울리는 예우로 맞아주기를 바란다고, 그러한 환영 행사는 자신을 길러준 숙부에게도 영광스러운 일이 될 것이라고 덧붙였습니다.

조반니 폴리아니는 조카를 모든 정성을 다하여 최고의 예우로 맞이했습니다. 그는 페르모 시민들이 조카를 정중히 맞이하도록 했고, 조카와 군인들이 자신의 저택에 묵도록 했습니다. 그 며칠 동안 올리베로토는 비밀스러운 음모를 준비했습니다.

올리베로토는 조반니 폴리아니와 페르모의 저명한

---

1 페르모는 자유로운 코뮌 혹은 공화국이었다. 일부 시민들이 진정으로 페르모의 노예 상태를 선호했다기보다는, 스스로 옹립한 지배자 밑에서 보다 많은 권력을 누리고자 했다는 뜻으로 이해하는 것이 옳겠다.

시민들을 모두 초대해 멋들어진 연회를 열었습니다. 연회의 만찬과 그런 행사에 으레 따르는 유희가 끝났을 때, 올리베로토는 알렉산데르 교황과 그의 아들 체사레 보르자의 막강한 권력과 다양한 업적 등 짐짓 심각한 이야깃거리를 꺼냈습니다. 그리고 조반니와 몇몇 다른 사람들이 반문하자, 별안간 자리에서 일어나 그런 문제는 좀 더 은밀한 장소에서 논의할 필요가 있다며 별실로 들어갔습니다. 조반니와 다른 사람들이 그의 뒤를 따라 별실로 들어와 자리에 앉자, 그곳에 숨어 있던 올리베로토의 병사들이 튀어나와 모두를 죽였습니다.

암살 직후 올리베로토는 말을 타고 거리를 돌며 페르모를 장악했고, 주요 관리들의 저택을 포위했습니다. 관리들은 엄청난 공포에 휩싸여 그에게 복종했고, 그는 새로운 정부를 구성하고 스스로 군주가 되었습니다.

올리베로토의 성공

자신에게 해가 될 만한 모든 세력을 제거한 후 그는 새로운 민정 제도와 군사 제도를 세우는 것으로 권력을 확고히 했습니다. 그렇게 권력을 잡은 지 1년만에 페르모 시에서 확고한 기반을 구축했을 뿐만 아니라 모든 인접 국가들이 두려워하는 세력을 갖추게 되었습니다.

체사레 보르자가 세니갈리아에서 오르시니 파 지도자들과 비텔로초 비텔리를 사로잡았을 때, 올리베로토도 함께 속임수에 빠지지 않았더라면 그를 파멸시키는 것은 아가토클레스를 축출하는 것만큼이나 어려웠을 것입니다. 그는 외삼촌을 죽인 후 1년 만에 자신 역시 그곳에서 체포되었고, 역량이든 악행이든 모든 일에서 그의 스승이라 할 수 있는 비텔로초와 함께 교살당했습니다.[2]

신중하게 저지른 잔혹 행위

아가토클레스나 그와 비슷한 다른 인물들이 수없이 많은 배신을 하고 잔인한 행위를 저지르면서도 어떻게 자신의 나라를 오랫동안 안정적으로 통치하고 외부세력을 잘 방어하며 시민들의 음모에도 걸려들지 않을 수

---

2 올리베로토는 1501년 12월 26일 숙부 등을 처형하고 페르모를 장악했다. 그런데 1년이 지난 1502년 12월 31일 체사레 보르자의 '세니갈리아 학살'로 교살당했다.

있었을까 하는 의문을 품을 사람들이 당연히 있을 것입니다. 왜냐하면 다른 많은 지배자들은 잔인한 짓을 저질렀다면 불안정한 전쟁 중에는 물론이거니와 평화로운 시기라 할지라도 자신의 권력을 유지하지 못했기 때문입니다.

가해 행위는 단번에, 은혜는 조금씩 천천히

이러한 차이는 잔인한 조치들이 잘 이루어졌는지 또는 잘못 이루어졌는지에 따라 좌우된다고 믿습니다. 나쁜 일에도 '잘'이라는 단어를 사용할 수 있다면, 그러한 조치들이 잘 이루어진 경우 그것은 단번에 모두 실행되어 자신을 보호하는 데 유용한 역할을 하고 이후에는 지속되지 않으며 백성들에게 가능한 한 이익이 되는 수단으로 바뀐다는 것을 의미합니다. 잔인한 조치들이 '잘못' 이루어진 경우란 처음에는 드물게 실행되었으나 시간이 흐를수록 그 빈도가 증가하는 것입니다.

첫 번째 방법을 따르는 군주들은 아가토클레스가 그랬던 것처럼 신과 인간의 도움으로 자신의 상황을 호전시킬 수단들을 발견할 수 있습니다. 그러나 두 번째 방법을 따르는 군주들은 권력을 유지할 수 없습니다.

그러므로 국가를 탈취한 정복자는 그가 행해야만 하는 가해 행위들에 대해서 결정하되, 모든 가해 행위는 단번에 실행하고 매일 되풀이되지 않도록 해야 한다는 점을 명심해야 합니다. 가해 행위가 되풀이되지 않는다면 그는 백성들을 안심시키고 은혜를 베풀어 민심을 자기편으로 끌어들일 수 있습니다.

소심하거나 잘못된 판단 때문에 이런 방법을 따르지 못한다면 자신의 손에 항상 칼을 쥐고 있어야 할 것입니다. 왜냐하면 지속적으로 저지르는 가해 행위로 인해서 백성들은 결코 군주를 확실하게 믿지 못할 것이고, 그 자신도 결코 백성들을 믿을 수 없을 것입니다. 그러므로 가해 행위는 모두 단번에 시행되어야 하며 그래야 그 정도를 덜 느끼기 때문에 반감이나 분노를 작게 일으킵니다. 반면 은혜는 아주 조금씩 천천히 베풀어야 하며 그래야 그 맛을 제대로 만끽할 수 있습니다.

좋은 때든 나쁜 때든 함께 살아야 한다

그리고 무엇보다도 현명한 군주라면 자신의 백성들

과 함께 살아야 합니다. 그러면 좋은 일이든 나쁜 일이든 우발적인 사건으로 인해서 자신의 통치방법을 수정하지 않아도 될 것입니다. 왜냐하면 (함께 살지 않으면) 비상시에 예상치 못한 사건이 일어날 경우 가혹한 조치를 취할 시간적 여유도 없을 테고, 은혜를 베푼다 해도 마지못해 베푸는 것으로 받아들여지기 때문에 군주 자신에게 아무런 도움도 되지 않기 때문입니다.

* 비텔로초와 올리베로토의 인과응보

파올로 비텔리Paolo Viteli(1461~1499)는 치타디카스텔로의 영주이자 유능한 용병대장이었다. 피렌체 공화국 정부가 피사를 정복하려고 비텔리를 군 최고사령관으로 고용했는데, 어마어마한 돈과 시간을 쏟아부은 전투가 잘 풀리지 않고 급기야 자신의 병력이 손실될 위기에 처하자 군대를 철수시켜버렸다. 그러자 피렌체 공화국은 그를 체포해서 '베네치아 공화국 및 메디치 가와 내통했다'는 혐의로 처형했다.

그의 동생 비텔로초 비텔리Vitellozzo Vitelli도 용병대장이자 오르시니 파의 지도자였다. 비텔로초는 형이 죽을 때 피사로 도망쳐서 살았다. 이후 체사레 보르자에게 고용되어 전장을 누비다가, 피렌체 공략을 시도할 때 체사레의 묵인 아래 형의 복수극을 벌였다. 그런데 체사레에게 반기를 드는 '마조네의 난'에 참여해서 결국 1502년 12월 31일 '세니갈리아의 학살'로 교살되었다.

올리베로토 에우프레두치Oliverotto Euffreducci(1473~1502)는 페르모 사람으로, 파올로 비텔리와 비텔로초 비텔리의 군대에 들어가 훈련을 받은 군인대장이었다. 1501년 12월 자신을 키워준 숙부 조반니 폴리아니를 살해하는 것으로 고향 페르모를 장악했는데, 정확히 1년 후인 1502년 12월 세니갈리아의 학살에서 비텔로초와 함께 처형당했다.

제 9 장

시민형 군주국

시민의 호의로 군주가 된 유형

지금부터는 평범한 시민이 부정한 방법이나 용납될 수 없는 폭력이 아니라, 동료 시민들의 호의에 의해서 군주가 되는 두 번째 사례를 논의하겠습니다. 이러한 시민형 군주국(principato civile, civil principality)의 군주가 되기 위해서는 역량이나 행운만 필요한 것이 아니라 오히려 그 행운을 잘 이용하는 영리함이 필요합니다.

시민형 군주국에서 군주의 지위에 오르는 데에는 인민(populo, people)의 호의에 의한 방법과 귀족(grandi, nobles)의 호의에 의한 방법이 있을 것입니다. 모든 도시에는 인민과 귀족이라는 상이한 두 계급이 존재하고 있기 때문입니다. 이로 인해 인민은 귀족에게 지배당하거나 억압당하는 것을 원하지 않지만, 귀족은 인민을 지배하고 억압하고자 하는 상황이 발생합니다. 하나의 도시에 존재하는 상이한 두 가지 성향으로 인해 군주정(principato, principality), 공화정(libertà, republic), 무정부(licenza, anarchy)라는 세 가지 가능한 결과가 발생합니다.

귀족이 옹립한 군주, 인민이 옹립한 군주

시민의 호의로 탄생하는 군주정은 인민과 귀족 중에서 어느 쪽이 먼저 행동할 기회를 잡느냐에 따라서 탄생합니다. 귀족은 인민의 세력을 감당할 수 없을 때 자신들 중의 한 명을 추대하여 군주로 만든 후에 그의 보호 아래에서 자신들의 욕망을 충족시키려고 합니다. 이와 마찬가지로 인민은 귀족에게 대항할 수 없음을 깨달을 때 자신들 중의 한 사람을 군주로 추대하여 지배자로 만든 후에 그의 권위를 통해서 자신들을 보호하려고 합니다.

귀족의 도움으로 군주가 된 사람은, 인민의 도움으로 군주가 된 사람보다 권력을 유지하는 것이 훨씬 더 어렵습니다. 스스로를 군주와 대등하다고 생각하는 사람들에게 둘러싸여 있기 때문에, 군주가 원하는 대로 명령을 내려 통치하거나 다룰 수 없기 때문입니다. 그런데 인민의 지지를 받은 군주의 주변에는 불복종하려는 사람이 없거나 소수에 불과하기 때문에, 그는 자신에게만 권력이 있음을 알고 홀로서기를 할 수 있습니다.

게다가 군주는 누군가를 해치지 않는 공정한 행동을 하는 것만으로는 귀족을 만족시킬 수 없지만 인민은 만족시킬 수 있습니다. 인민의 목표가 귀족의 목표보다 더 정의롭기 때문입니다. 즉, 귀족은 억압하기를 바라는데 반해 인민은 억압받지 않기를 바라기 때문입니다.

또한 군주는 인민을 적으로 삼으면 자신의 지위를 확고히 지킬 수 없는데, 인민의 수가 많기 때문입니다. 반면 귀족은 그 수가 적기 때문에 군주는 그들과 적대적 관계에 있더라도 자신의 지위를 지키는 데에 어려움이 없습니다.

적대적인 인민에게서 군주가 당할 수 있는 최악의 상

황은 버림받는 것입니다. 그러나 적대적인 귀족으로부터는 버림받을 수 있다는 염려뿐 아니라 그들이 연합해서 대항해올 수 있음을 경계해야 합니다. 귀족은 더 멀리 내다보는 선견지명이 있고 교활하기 때문에 자신들을 보호하기 위해 항상 앞서서 승산이 있는 사람의 호의를 얻기 위해 행동하기 때문입니다.

더 나아가 군주는 항상 같은 인민과 함께 살아야 하지만, 늘 같은 귀족과 살아야 할 필요는 없습니다. 군주는 언제든지 자신이 적절하다고 생각하는 바에 따라 귀족에게 지위를 줄 수도 있고 빼앗을 수도 있으며, 그들의 특권을 빼앗거나 되돌려줄 수도 있기 때문입니다.

군주가 귀족을 다루는 방법

군주는 귀족들에 대해서 두 가지 점을 고려하여 판단해야 합니다. 귀족들은 전적으로 군주의 운명에 자신들의 운명을 결부시켜 행동하거나, 그와 정반대로 처신한다는 점입니다. 자신의 운명을 군주의 운명과 하나로 생각하는 자들 중에서 탐욕스럽지 않은 자는 존중하고 믿음을 주어야 합니다. 반대로 군주의 운명에 얽매이지 않으려는 귀족들은 두 가지의 상이한 유형으로 구별해야 합니다.

그들이 용기가 부족하거나 두려워서 그렇게 행동한다면 그들을, 특히 훌륭한 조언을 해줄 수 있는 자들을 잘 활용해야 합니다. 왜냐하면 그들은 번영의 시기에는 군주를 명예롭게 해줄 것이고 역경의 시기가 와도 그리 두려워할 만한 존재가 못되기 때문입니다.

그러나 귀족들이 교묘하게 야심을 품어서 군주에게 충성을 표하지 않는다면, 그것은 자신들의 이익을 군주의 이익보다 더 중시한다는 증거입니다. 그러므로 군주는 이런 귀족들을 매우 주의 깊게 관찰하고 공공연한 적을 대할 때처럼 경계해야 합니다. 왜냐하면 그들은 군주가 곤경에 처하면 언제라도 그를 파멸시키기 위해 모든 노력을 다할 것이기 때문입니다.

군주가 인민의 지지를 얻는 방법

한편 인민의 지지로 군주가 된 사람은 인민의 환심을 얻기 위해 계속 노력해야 합니다. 인민이 군주에게 원하는 것은 단지 자신들을 억압하지 않는 것이기 때문에 그들과 좋은 관계를 유지하는 것은 매우 쉽습니다.

그러나 귀족의 지원으로 인민의 반대를 무릅쓰고 군주가 되었다면, 다른 무엇보다도 인민의 지지를 얻기 위해 노력해야 합니다. 이럴 때 군주가 인민을 보호해주면 인민의 지지를 쉽게 얻을 수 있습니다. 사람은 자신에게 해를 끼칠 것으로 예상했던 사람으로부터 은혜를 받았을 때 더 큰 고마움을 느끼기 마련이어서, 인민은 자신들이 지지했던 군주에게보다 더 깊은 호의를 보일 것입니다.

군주가 인민을 자기편으로 끌어들이는 방법은 매우 다양하고 상황별로 달라지기 때문에, 고정된 원칙들을 열거할 수가 없습니다. 따라서 이 방법들을 일일이 논의하지는 않겠고, 다만 군주가 자신에게 호의적인 인민과 좋은 관계를 가지는 것이 필수라는 결론을 내리는 것으로 논의를 마무리하겠습니다. 그렇지 않으면 곤경에 빠졌을 때 군주는 속수무책으로 아무런 지원을 받을 수 없을 것입니다.

스파르타의 나비스, 인민을 권력 기반으로 삼은 군주

스파르타의 군주 나비스Nabis[1]는 그리스의 모든 세력과 가장 뛰어난 로마 군대의 포위 공격을 잘 견뎌내서 국가는 물론 권력까지 지켜낼 수 있었습니다. 그는 단지 소수의 몇몇과 대적하는 것만으로 국난을 극복할 수 있었습니다. 인민 대다수가 그에게 적대적이었다면 불가능했을 것입니다.

이에 대해서 '백성을 권력의 기반으로 삼고 그 위에서 있는 자는 진흙 위에 서 있는 것과 같다'라는 진부한 격언을 인용하여 반론을 제기하는 사람은 없을 것입니다. 이 격언은 백성의 지지를 얻어 권력을 잡은 일개 시민이 적이나 행정 관료들로부터 압박을 받는 처지에 내몰렸을 때 '백성이 나를 구해줄 것'이라고 자만하는 상황에 적용되는 말입니다. 로마의 그라쿠스 형제*나 피렌체의 조르지오 스칼리Giorgio Scali[2]가 당했던 것처럼

1 스파르타의 마지막 통치자(재위 BC 205~BC 192). 무시무시한 고문 기구를 가지고 귀족들의 재산을 몰수해서 역사가 폴리비오스가 괴물이라 묘사할 정도로 악명이 높았던 반면, 많은 노예를 해방시켜서 백성들에게는 지지를 받았다.

종종 자신이 속았음을 알게 될 것입니다.

그러나 인민의 지지로 군주가 되어서 인민을 적절히 통치하는 법을 알고, 역경에 처해도 당황하지 않고, 자신에게 필요한 성품을 모두 다 갖추고, 이로써 용기와 기백을 통해 인민이 사기를 잃지 않도록 할 수 있는 군주라면, 인민으로부터 기만당하는 일은 결코 없을 것이고 그 권력 기반은 확고할 것입니다.

관료 국가는 왜 위험한가

일반적으로 적절하게 운영되던 시민형 군주국을 절대적인 정부체제로 변화시키려고 할 때 큰 어려움에 부딪칩니다. 왜냐하면 시민형 군주는 자신이 직접 통치하거나 관료들을 통해서 지배하기 때문입니다.

후자의 경우, 군주의 지위는 관료로 임명한 시민들의 선의에 전적으로 의존되기 때문에 보다 약해지고 매우 위태로워질 것입니다. 특히 군주가 곤경에 처하면 관

2 피렌체의 재력가. 1378년 촘피의 난 이후 평민당 우두머리가 되었다. 1382년 시 행정관의 집을 습격하는 사건을 주도했다는 혐의로 처형되었다.

료들은 반란을 일으키거나 군주에 대한 복종을 거부하는 방법으로 군주를 아주 쉽게 권좌에서 물러나게 할 수 있습니다. 위급한 상황에 빠진 군주는 상황을 확실히 통제할 만한 충분한 시간이 없습니다. 왜냐하면 시민(cittadino, citizen)이든 신민(sudditio, subject)이든 평소에 관료들에게 복종하는 것에 익숙해져 있어서, 혼란한 시기에는 군주의 통제에 기꺼이 복종하지 않을 것이기 때문입니다.

현명한 군주는 위험한 시기에도 충성을 확보한다

모든 것이 불확실한 시기에 군주는 믿을 수 있는 사람들이 항상 부족할 것입니다. 군주는 자신의 통치를 필요로 했던 평화로운 시기에 보아왔던 시민들에게 의지할 수 없습니다. 왜냐하면 평화로운 시기에는 죽음을 당할 가능성이 없기 때문에 모든 사람들이 군주에게 몰려들어 충성을 약속하고 목숨을 바치겠다고 맹세하지만, 막상 국가가 곤경에 처하고 시민들을 필요로 하면 그런 시민들을 찾기가 매우 어렵기 때문입니다. 그렇다고 이런 시기에 그들의 충성심을 시험하는 일은, 처음이자 마지막이 될 수 있는 일이기 때문에 매우 위험합니다. 그러므로 현명한 군주라면 언제든지 어떠한 상황에 처하든지 시민들이 자신과 정부를 믿고 따르도록 조치를 취해야만 합니다. 그래야 시민들은 언제나 그에게 충성할 것입니다.

* 자만이 그라쿠스 형제를 죽음으로 몰았다

로마는 정복 활동을 통해 영토를 이탈리아 반도 전체로 넓혔고, 제2차 포에니 전쟁(BC 264~BC 241)에서 대승을 거둠으로써 '지중해는 로마의 바다' 라는 말이 나올 정도의 대제국이 되었다.

그런데 로마는 그 최정점의 시기에 몰락하기 시작했다. 식민지에서 쏟아져 들어오는 엄청난 재물들이 귀족에게만 독점되며 물가를 끌어올리자, 전쟁에 참여했던 시민들은 오히려 고리대금업 신세를 지다가 노예로 전락했던 것이다. 빈익빈부익부 현상이 갈수록 심각해지자 내전까지 벌어졌다.

로마 공화정의 개혁이 가장 절실히 필요한 시점에 출사표를 던졌던 이들이 그라쿠스 형제였다. 그라쿠스 형제의 개혁 실패는 곧 로마 공화정의 몰락이었다.

티베리우스 셈프로니우스 그라쿠스Tiberius Sem-pronius Gracchus(BC 163~BC 132)는 호민관으로 선출되어 농지 개혁을 추진했는데, 귀족들의 반대에 부딪쳐 1년 임기가 끝나고 차기 선출을 준비하다가 죽임을 당했다.

그의 동생 가이우스 셈프로니우스 그라쿠스Gaius Sempronius Gracchus(BC 154~BC 121)도 형이 죽은 지 9년째 되던 해에 호민관으로 선출되었다. 하지만 역시나 귀족들의 반대에 부딪쳤고, 시민 폭도들에게 쫓기다가 자살했다.

마키아벨리는 그라쿠스 형제는 자신들의 정당성만 중시해서 시민의 동의와 지지를 얻는 데 소홀했음을 지적했다.

제 10 장

군주국의 힘은 어떻게 측정되는가

군주가 갖추어야 할 군사력

군주국들의 특징을 분석할 때에 유념할 것이 또 하나 있습니다. 그것은 군주가 필요시에 자신의 힘만으로 스스로 방어할 만큼 충분히 강력한 힘을 가졌는가 아니면 항상 다른 세력으로부터 도움을 받아야 하는가의 문제입니다.

자신의 국가를 공격하는 어떠한 세력에 맞서서도 전쟁을 수행하기에 충분한 군대를 가진 군주라면, 그것은 군주가 많은 병력을 거느렸거나 충분한 자금을 가졌다는 의미이므로, 그는 자신의 국가를 충분히 방어할 수 있다고 말할 수 있습니다. 그러나 전쟁 시에 적과 맞서 싸울 수 없어 자신의 성벽 안으로 피신해 수비만 해야 하는 군주라면 항상 타인의 도움이 필요하다고 말할 수 있습니다.

첫 번째 유형은 이미 논의했으니(6장) 나중에 필요하면 좀 더 자세히 논의하겠습니다(12~14장). 두 번째 유형의 군주라면, 성 밖 영토에는 신경 쓰지 말고 오직 자신의 도시에 요새를 튼튼하게 쌓고 식량을 넉넉히 비축하라는 권고 외에는 달리 해줄 조언이 없습니다. 그렇게 하면 외부세력은, 이미 자세하게 설명했고(7~9장) 이후로도 자주 언급할 방법으로(15~19장), 자신의 도시를 제대로 요새화하고 백성과 추종자들과 함께 잘 관리하는 통치자를 공격하는 데에 한참을 망설일 것입니다. 왜냐하면 사람들은 매우 힘들 것으로 예상되는 공격은 결코 시작하려 하지 않기 때문입니다. 제대로 요새화되었고 백성에게 미움받지 않는 군주의 도시를 공격하는 것은 결코 쉬워 보이는 일이 아니기 때문입니다.

요새화된 독일 도시국가

독일의 도시들[1]은 완전히 독립되어 있고, 주변 지역에 영토가 거의 없으며 자신들이 원할 때만 황제에게 복종합니다. 그들은 황제는 물론 다른 인접 국가의 세력들을 두려워하지 않습니다. 자신의 국가들이 요새화가 매우 잘 되어 있어서 점령하고 공격하는 일은 무척 시간이 오래 걸리고 어려운 일이라 생각하기 때문입니다.

그 도시들은 모두 강력한 방어용 성벽과 도랑으로 단단히 둘러싸여 있고 충분한 화포를 보유하고 있으며, 창고에는 1년쯤 버티기에 충분한 식량, 식수, 연료가 항상 비축되어 있습니다. 그리고 무엇보다 백성들이 공적 자금을 소비하지 않고도 1년 동안 도시 생활 유지에 필수적인 일자리에 종사하며 생활할 수 있도록 합니다. 이는 곧 도시와 산업을 유지하는 중요한 요소로 작용합니다. 더 나아가 그 국가들은 군사 훈련을 매우 중요하

1 마키아벨리는 1507년 12월부터 1508년 6월 사이에 트렌토, 볼자노, 티롤로, 인스부르크, 스위스의 일부 도시를 방문했다. 독일은 이곳들보다 더 북쪽에 있다.

게 여기며 군대를 유지하기 위해 많은 규정을 두고 있습니다.

포위 공격에 대처하는 방법

이러한 이유로 단단한 질서가 잡힌 견고한 도시를 가지고 있으며 백성의 미움을 받지 않는 군주는 어떤 공격에도 안전합니다. 비록 공격을 받더라도, 오히려 공격자가 결국 수치스러운 퇴각을 감수해야 할 것입니다. 왜냐하면 인간사는 너무나도 변화무쌍하기 때문에, 군대에게 1년 내내 하는 일도 없이 성을 포위하고 있도록 하는 것은 사실상 불가능하기 때문입니다.

백성은 성 밖에 있는 자신들의 재산이 파괴당하는 것을 보면 참을성을 잃게 되고, 포위가 지속될 경우 이기심이 발동하여 군주에 대한 충성심이 약해질 것이라고 반박할 수도 있습니다. 그렇다면 저는, 용기를 가진 강력한 군주라면 자신의 백성에게 한편으로는 고난이 오래 지속되지 않을 것이라는 믿음과 희망을 심어주면서 다른 한편으로는 적의 잔혹함에 대한 경각심을 일깨우고, 시끄럽게 호들갑 떠는 자들은 교묘하게 처리함으로써 그러한 위기를 극복할 수 있다고 대답하겠습니다.

게다가 이러한 점 외에도 적군은 도착하자마자 당연히 성 밖 지역을 불태우고 약탈하겠지만 그 무렵까지는 아직 백성들의 사기가 드높고 성을 지키겠다는 결의도 확고할 것입니다. 그렇게 며칠이 지나면 백성의 흥분은 가라앉고 피해는 이미 발생했고, 어느 정도의 희생을 감수한 이후이므로 그 문제에 대해서 더 이상 해결할 아무런 방법이 없기 때문에 군주는 그들을 두려워해야 할 이유가 줄어듭니다.

게다가 군주를 방어하기 위해서 백성은 자신들의 집이 불타버렸고 재산이 약탈되었으니 이제 군주가 자신들에게 빚을 졌다고 생각하고, 오히려 더욱 더 군주와 혼연일체(渾然一體)가 됩니다. 인간은 자신이 받았던 은혜에 의해서도 유대가 강화되지만, 자신이 베푼 은혜에 의해서도 유대감이 끈끈해지는 존재이기 때문입니다.

따라서 이런 모든 문제들을 고려해볼 때, 풍부한 식량과 적절한 방어 수단을 갖추고 있는 한 현명한 군주는 포위 공격을 당하기 전이나 후에 상관없이 백성의 높은 사기를 유지하는 일이 어렵지 않으리라는 점은 명백합니다.

제 11 장

교회형 군주국

종교적 제도로 안전을 보장받다

이제 교회형 군주국(principato ecclesiastico, ecclesiastical principality)을 논의하는 일만 남았습니다. 교회형 군주국의 모든 문제들은 국가를 얻기 전에 발생합니다. 왜냐하면 교회형 군주국은 역량이나 운명을 통해서 얻어지는데, 유지하는 데에는 둘 중 어느 것도 필요하지 않기 때문입니다. 즉, 교회형 군주국은 오랫동안 전해져 오는 종교적 제도에 의해서 유지되는데, 그 제도들은 군주가 어떻게 살고 처신하든 관계 없이 그의 지위를 유지할 수 있을 정도로 강력한 것입니다.

교회형 군주국의 군주는 국가를 소유하지만 방어할 필요가 없고, 백성을 소유하지만 통치하려고 애쓸 필요도 없습니다. 군주가 국가를 방어하지 않고 내버려두더라도 국가를 빼앗기지 않습니다. 백성은 적절하게 통치받지 못해도 개의치 않습니다. 그들은 군주를 몰아낼 생각도 없고 그럴 능력도 없습니다. 그러므로 이러한 군주국들이야말로 안전하고 축복받은 것이라 말할 수 있습니다.

교회형 군주국은 인간의 정신이 감지할 수 없는 초월적인 권능에 의해서 다스려지기 때문에 더 이상의 논의는 삼가겠습니다. 이 국가들은 신에 의해 세워지고 유지되기 때문에 그 국가들을 논의하는 것은 오만하고 경솔한 인간의 행위가 될 것이기 때문입니다.

교회의 세속적 권력

그럼에도 불구하고 교황 알렉산데르 6세의 즉위 이전까지는 이탈리아의 주요 정치세력들[1], 실질적인 강대국들뿐만 아니라 세력이 미약한 영주나 하급 귀족들마저도 교회의 세속적인 권력을 대수롭지 않게 생각했습니다. 그렇다면 도대체 어떻게 해서 교회의 세속적 권력이 프랑스 왕마저도 두려워할 만큼 강해졌는가 궁금할 것입니다. 교회 권력은 이탈리아에서 프랑스 왕을 몰아냈을 뿐만 아니라 베네치아마저도 몰락시켰기 때문입니다. 물론 이 사건들은 널리 알려져 있는 사실이지만 다시 한 번 기억 속에서 꺼내보는 것도 불필요한 일은 아니라고 생각합니다.

교황 알렉산데르 6세

프랑스의 샤를 왕이 침입하기 이전에 이탈리아는 교황, 베네치아 공화국, 나폴리 왕국, 밀라노 공국 그리고 피렌체 공화국의 권력 아래에 있었습니다. 각 세력의 권력자들은 주로 두 가지 문제에 몰두했습니다. 외세가 무력으로 이탈리아를 침입해서는 안 된다는 것과, 자신들 중 어느 세력도 더 많은 영토를 차지하거나 힘을 가져서

1 1454년 로디 조약을 기점으로 형성된 이탈리아 반도 5강을 말한다. 즉 베네치아 공화국, 밀라노 공국, 피렌체 공화국, 로마령, 나폴리 왕국이다.

는 안 된다는 것이었습니다.

그들이 우려한 대상은 교황과 베네치아였습니다. 그래서 페라라를 방어했을 때처럼[2] 베네치아를 견제하는 동맹을 결성했습니다. 그리고 로마 귀족들은 교황의 권력을 견제하는 데 이용되었습니다. 즉, 오르시니와 콜론나라는 두 개의 파벌로 분열되어 늘 서로 반목하고 대립하는 바람에, 교황의 면전에서도 동시에 무기를 휴대하고 있을 만큼 교황권을 취약하고 무기력하게 만들었습니다.

때때로 식스투스*처럼 용기 있는 교황이 즉위하기도 했지만 그의 행운이나 지혜도 이러한 어려움을 극복하는 데에는 충분하지 않았습니다. 교황의 재위 기간이 대개 10년 정도로 짧은 것도 하나의 이유였습니다.[3] 고작 10여 년만에 어느 한 파벌을 제거하기란 매우 어려운

2 1482년 베네치아와 페라라 에르콜레 1세가 싸우자, 밀라노와 피렌체가 페라라를 지원했다. 바뇰로 평화회의에서 비록 폴로시네를 베네치아에 할양하기는 했지만 페라라의 자주성은 지켜졌다.

3 식스투스 4세가 13년, 인노켄티우스 8세가 8년, 알렉산데르 6세가 11년, 율리우스 2세가 10년, 심지어 피우스 3세는 26일간 재위했다.

일이었습니다. 그리고 설사 어느 교황이 콜론나 파를 제거하는 데에 거의 성공했더라도, 그 다음에 오르시니 파에 적대적인 교황이 즉위하면 다시 콜론나 파가 권력을 잡는 결과가 초래되었습니다. 그렇다고 해서 그 교황에게 오르시니 파를 제거할 만큼 충분한 시간이 있었던 것도 아닙니다. 이러한 모든 원인들로 인해 교황의 세속 권력은 이탈리아에서 거의 무시되어왔습니다.

그런데 알렉산데르 6세는 교황에 즉위하자 이전의 어느 교황보다도 탁월하게 '돈과 군대를 앞세워 성취할 수 있는 것'이 얼마나 많은지를 보여주었습니다. 교황은 발렌티노 공작을 앞세워 프랑스의 침입을 기회로 충분히 활용했고 앞에서 언급했던 모든 것들을 성취해냈습니다. 비록 교황 알렉산데르의 목적은 교회가 아니라 발렌티노 공작의 세력 확장이었지만, 결과적으로는 교황이 죽은 후 그의 노력의 결실을 물려받은 교회의 권력이 강화되었습니다.

교황 율리우스 2세

그러니까 교황 율리우스 2세**가 등장했을 무렵 교회

는 막강한 힘을 가지고 있었습니다. 교회 세력이 로마냐 전 지역을 장악했고, 로마 귀족들은 무력화되어 있는 등 교황청의 세력이 무척이나 막강했습니다.

게다가 율리우스 교황은 알렉산데르 6세나 그 이전의 교황들은 전혀 시도하지 못했던 방법으로 재산을 축적할 기회를 가졌습니다.[4] 율리우스는 이미 물려받은 힘을 유지했을 뿐만 아니라 더욱 확대했습니다. 그는 볼로냐를 점령하고, 베네치아를 파괴하고, 프랑스 군대를 이탈리아에서 몰아내고자 했습니다. 그의 이 모든 계획은 성공을 거두었고, 게다가 모든 일들은 특정 개인을 위한 것이 아니라 교회의 권력을 확대하기 위한 것이었기 때문에 그의 공적은 특별히 칭송받을 만했습니다.

그는 오르시니 파와 콜론나 파를 이전처럼 무력한 상태로 유지시켰습니다. 비록 그들 세력 중 몇몇은 상황을 변화시키고자 반란을 모색했지만, 두 가지 요인이 이를 가로막았습니다. 일단 막강했던 교회 세력이 그들을 압도했고, 둘째는 어느 파벌이든 그들을 이끌 수 있는 추

4 성직매매 관행을 말하는데, 사실 이것은 알렉산데르 6세도 관여되어 있다.

기경이 없었다는 사실입니다. 그들은 추기경을 자신들의 파벌 안에 혼란을 일으킨다고 생각했고, 실제로 추기경을 지도자로 삼을 때마다 분규가 일어났습니다. 왜냐하면 추기경들은 로마 안에서든 밖에서든 늘 파벌을 형성했는데, 귀족들은 자신들이 속한 파벌을 지지할 수밖에 없었기 때문입니다. 이처럼 고위성직자들의 야심이야말로 귀족들 사이의 모든 알력과 분쟁의 근원이었습니다.

이 모든 이유들로 인해 성스러운 교황 레오 10세***는 지금과 같은 매우 강력한 교황권을 가지게 되었습니다. 그런데 전임 교황들이 무력을 통해서 위대한 교황이 되었다면, 레오 10세는 타고난 선량함과 헤아릴 수 없이 많은 덕을 통해서 더욱 위대하고 존경받을 충분한 이유가 있는 위대한 교황이 될 것입니다.

* 교황 식스투스 4세와 파치 가의 음모

교황 식스투스Sixtus 4세(1414~1484. 재위 1471~1484)의 본명은 프란체스코 델라 로베레Francesco Della Rovere. 제노바의 가난한 어촌 출신이었다. 배후에서 파치 가의 음모(1478년 줄리아노 메디치 살해)를 지원해서, '위대한 로렌초'가 교황청에 아들을 들여보내서 세력을 키우기로 마음먹게 만들었다. 그 아들이 바로 조반니 데 메디치 추기경, 훗날의 교황 레오 10세다.

** 교황 율리우스 2세와 성직매매

교황 율리우스 2세Julius II(1443~1513. 재위 1503~1513)는 식스투스 4세의 조카로, 본명은 줄리아노 델라 로베레Giuliano Della Rovere 다. 교황 알렉산데르 6세가 갑자기 죽으면서 피우스 3세에게 밀리는 듯했지만, 그가 26일만에 사망하면서 교황직을 차지했다. 알렉산데르 6세 못지않게 세속적 권력 강화에 앞장섰다.

*** '위대한 로렌초'의 둘째 아들, 교황 레오 10세가 되다

율리우스 2세가 사망하고 메디치가의 조반니 추기경이 교황 레오 10세(1475~1521. 재위 1513~1521)에 추대되었다.

제 12 장

군대의 다양한 종류와 용병

좋은 군대가 있어야 좋은 법도 소용 있다

지금까지 저는 모든 종류의 군주국에 대해서 자세히 논의하고, 각 군주국들의 번영과 쇠퇴의 이유도 상당히 고찰했습니다. 많은 사람들이 군주국을 획득하고 유지하기 위해서 사용해온 방법들도 실례를 들어 검토했습니다.

이제는 각 군주국들이 공격과 방어를 할 때 택할 수 있는 일반적인 방법을 살펴보겠습니다. 저는 앞에서 군주가 권력의 토대를 확고히 하는 것이 얼마나 필요한지를 역설했습니다. 토대를 확고히 하지 못한 군주는 항상 몰락하고 말았습니다. 오래된 세습 군주국이든 신생 군주국이든 복합 군주국이든 모든 국가의 주된 토대는 좋은 법과 좋은 군대입니다. 좋은 군대가 없으면 좋은 법을 갖추기가 불가능하고, 좋은 군대가 있는 곳에 좋은 법이 있기 마련이기 때문에 저는 법 문제는 제쳐두고 군대 문제부터 논의하겠습니다.

이탈리아가 겪은 용병의 폐해

군주가 자신의 국가를 방어하는 데 사용하는 군대는 자신의 병사들로 구성된 부대, 용병(mercenario, mercenary), 외국의 원군, 이 세 가지가 혼합된 혼성군이 있습니다.

용병과 외국의 원군은 무익하고 위험합니다. 자신의 영토를 지키기 위해서 용병부대에 의존하는 군주는 그 누구라도 결코 영토를 안정되고 확고하게 지켜낼 수 없습니다. 왜냐하면 용병이란 분열되어 있고 야심을 품고 있으며, 훈련되어 있지 않아 기강이 문란하고 충성스럽지 않기 때문입니다. 그들은 아군과 함께 있을 때는 용감해 보이지만, 강적과 맞붙으면 비겁해집니다. 그들은 신을 두려워하지 않으며 사람들과 한 약속도 잘 지키지 않습니다.

용병부대를 이끄는 군주의 파멸은 적의 공격이 지연되고 있는 만큼만 연장되고 있는 데 불과합니다. 전쟁 중에는 적에게 시달리고, 평화로울 때에는 용병에게 시달릴 것입니다. 왜냐하면 용병은 군주에 대한 애착이 전혀 없고, 너무나 하찮은 보수 이외에는 군주를 위해 전쟁에 나가 자신들의 목숨을 걸고 싸울 이유나 동기가 없기 때문입니다. 용병은 군주가 전쟁을 하지 않으면 기꺼이 군주에게 봉사하지만 막상 전쟁이 일어나면 도망쳐 사라져버릴 것입니다.

현재 이탈리아가 겪는 시련은 다른 무엇보다도 그토록 오랜 세월 동안 용병에 의존해온 데서 비롯된 것입니다. 물론 가끔은 무기력하지 않고 유용하고 용맹한 용병도 일부 있었습니다. 그러나 외국 군대의 침입이 시작되었을 때 그들은 단번에 자신들의 진면목을 드러냈습니다.

그런 이유로 프랑스의 샤를 왕이 분필 한 자루[1]로 이탈리아를 점령할 수 있었습니다. 우리가 우리들의 죄악으로 인해 이러한 참변을 겪게 된 것이라고 말한 사람[2]은 진리를 말한 셈입니다. 그러나 그가 말한 죄악이 문제가 아니라, 바로 제가 설명했던 죄악들이 문제였습니다. 그리고 그것은 군주들의 죄악이었기 때문에 그들 역시 자신들의 죄악으로 인해서 재앙을 겪어야만 했습니다.

스스로 통솔할 자신의 군대를 가져야 한다

용병부대의 결함을 좀 더 명확히 설명하겠습니다. 용병대장들은 매우 뛰어난 군인이기도 하고, 그렇지 못한 인물일 수도 있습니다. 그런데 유능한 용병대장일수록 고용주인 군주를 공격하거나 군주의 의사에 반해 다른 사람들을 공격함으로써 오직 자신만의 권력을 얻어 높은 지위에 오르기를 열망하기 때문에 신뢰하면 안 됩

---

1 샤를 8세의 군대가 이탈리아를 침범했을 때, 자신들이 묵을 집을 분필로 표시하기만 해도 충분했다는 뜻이다. 이탈리아인의 저항이 전혀 없었다는 말이다.

2 피렌체의 수도사 지롤라모 사보나롤라Girolamo Savonarola

니다. 그렇다고 그들의 능력이 평범하면, 군주는 당연히 몰락합니다.

만약 누군가가 '용병이든 아니든 군대를 자기 마음대로 움직일 수 있는 사람은 누구나 이런 식으로 행동하기 마련'이라며 반론을 제기한다면, 저는 '군대란 군주나 공화국에 의해서 통제되어야만 한다'라는 논리로 반박하겠습니다. 군주라면 반드시 직접 최고 군 통수권자로서 군대를 인솔해야 하고, 공화국이라면 인민 중에서 장군을 선정하여 파견해야 하는 것입니다. 만약 파견된 자가 유능하지 못하다고 판명되면 교체해야만 하고, 유능하다면 그가 자신의 권한을 넘어서지 않도록 법적 통제수단을 확고히 해서 그를 견제해야만 합니다.

지금까지의 경험에서 알 수 있듯이, 독자적인 군대를 가진 군주와 공화국만이 큰 성공을 이뤘고, 용병으로는 어떤 것도 성취할 수 없었고 오히려 손해만 보았을 뿐입니다. 일개 시민 중 한 명이 권력 찬탈을 시도하는 일은 외국 군대에 의존하는 공화국보다 자신의 군대를 가진 공화국에서 더욱 성공하기 어려운 법입니다.

로마와 스파르타는 수세기 동안 자신들의 힘으로 무력을 갖추었고, 이로써 자유롭게 독립을 유지했습니다. 오늘날에는 스위스가 적절히 잘 조직된 군대를 갖추고 있으며 완전한 독립을 유지하고 있습니다.

카르타고, 테베, 밀라노의 용병들

용병을 활용했던 고대의 사례로는 카르타고가 언급할 만합니다. 카르타고는 자국민을 용병대장의 자리에 앉혔음에도 불구하고, 로마와의 첫 번째 전쟁[3]이 끝난 후 자신들이 고용한 용병들의 공격을 받아 거의 정복당할 뻔했습니다.

테베도 에파미논다스Epaminondas(BC 410~BC 362)[4]가 죽은 후 마케도니아의 필리포스에게 자신들 군대의

---

3 제1차 포에니 전쟁(BC 264~241). 카르타고 군은 패배했다.

4 테베의 정치가이자 군인. 에파미논다스가 레욱트라 전투에서 스파르타 군대를 격파하자 테베가 그리스의 패권을 쥐었다. 하지만 그가 죽고 내란이 일어나자 테베는 마케도니아 필리포스 2세(알렉산드로스 대왕의 아버지)와 동맹을 맺었는데, 필리포스가 배신하고 테베를 정복해서 과두제 정부를 세웠다.

장군을 맡겼는데, 필리포스는 전쟁에서 승리한 후 테베의 독립을 박탈했습니다(BC 338).

밀라노인들은 필리포 공작이 죽은 후 프란체스코 스포르차를 장군으로 고용해서 베네치아에 대항했는데, 스포르차는 카라바조 전투(1448)에서 베네치아를 격파한 후 오히려 베니치아와 연합하여 자신을 고용했던 밀라노 공화국을 공격했습니다.

나폴리의 여왕 조반나Giovanna II(1371~1435)[5]가 장군으로 고용했던 스포르차의 아버지도 갑작스럽게 여왕의 무력을 박탈해 무방비 상태로 만들었고, 그 결과 여왕은 아라곤의 왕에게 투항하지 않으면 안 되었습니다.

피렌체의 용병들

비록 과거에 베네치아와 피렌체가 용병을 고용해서 줄곧 영토를 확장해왔지만, 그것은 용병대장들이 권력을 탈취해 스스로 군주가 되고자 시도하지 않고 영토를

5 아라곤 왕국 및 교황과 수차례 전쟁을 치러야 했기에, 무초 아텐돌로 스포르차(프란체스코 스포르차의 아버지)를 용병대장으로 고용했다. 18쪽 참고.

잘 방어해주었기 때문이며, 이 문제에 관한 한 피렌체가 운이 매우 좋았다는 것이 저의 의견입니다. 왜냐하면 위협이 될만했던 유능한 장군들 중 일부는 승리하지 못했고, 다른 일부는 반대에 부딪쳤으며, 또 다른 일부는 자신의 야망을 성취하기 위해서 다른 지역으로 이동했기 때문입니다.

존 호크우드Sir John Hawkwood[6]는 승리하지 못했기 때문에 충성심을 확인할 수 없었습니다. 그러나 그가 승리했더라면 피렌체가 그의 지배 아래로 들어갔을 것이라고들 말합니다. 스포르차와 브라체시Bracceschi[7]는 경쟁 관계로서 언제나 두 파벌이 서로 견제했습니다. 프란체스코는 자신의 야망을 이루려고 롬바르디아로 갔고, 브라치오는 교회와 나폴리 왕국에 적대적이었습니다.

---

6 영국 태생으로 백년 전쟁에서 공을 세워 기사 작위를 받았다. 1361년 군대를 모아 이탈리아로 건너와 1394년 죽을 때까지 피렌체 용병군으로 활약했다. 이탈리아에서는 조반니 아쿠토Giovanni Acuto로 불렸다.

7 브라치오 다 몬토네Braccio da Montone(1368~1422)가 이끌던 용병군이다. 나폴리 조반니 여왕의 용병군인 스포르차 부대와 적대 관계였다.

좀 더 최근의 사건을 살펴보겠습니다. 피렌체가 파올로 비텔리[8]를 장군으로 고용했는데, 그는 신분은 평범했지만 매우 유능해서 매우 높은 지위를 얻은 인물입니다. 그가 피사를 점령했더라면 피렌체는 그를 계속 고용하는 것을 당연하게 생각했을 것입니다. 왜냐하면 만약 그가 적국의 장군으로 고용되기라도 하면 피렌체가 달리 스스로를 방어할 수단이 없어 궁지에 몰리기 때문입니다. 하지만 그를 계속 고용했더라면 그는 피렌체를 굴복시키는 지위에 올랐을 것입니다.

베네치아의 용병들

베네치아는 이탈리아 본토로 진출하기 전에는 자신들의 군대로, 즉 귀족과 무장한 백성들이 단결해서 아주 능숙하고 용맹하게 싸웠고 이 덕분에 그 나라는 안전했을 뿐 아니라 영광을 누렸습니다. 그런데 그들이 본토를 정복하려는 전쟁을 시작하자마자 자신들의 효과적인 전략을 포기하고 이탈리아의 전쟁 관습을 따르기 시작

8 115쪽 참고

했습니다.

베네치아는 처음 내륙으로 영토를 확장하기 시작했을 때에는, 병합된 영토가 아직 많지 않고 자신들의 명성이 아주 높았기 때문에 용병대장들을 두려워할 이유가 없었습니다. 그러나 카르마뇰라Carmagnola[9]에게 영토 확장을 맡김으로써 베네치아의 과오는 명백해졌습니다.

베네치아는 카르마뇰라의 지휘로 밀라노를 무찔렀기 때문에 그가 매우 유능한 줄은 알았지만 반면에 그가 자신의 전력을 다해 전쟁을 수행하지 않는다는 점도 알아차렸습니다. 카르마뇰라에게 전쟁에서 승리하고자 하는 의욕이 없음이 드러나자 베네치아는 그를 계속 고용해서는 전쟁에서 승리할 수 없다고 판단했지만, 그동안 그 덕분에 차지했던 영토를 다시 잃을 각오를 하지 않는 한 그를 해고할 수도 없었습니다. 따라서 베네치아는 자

9 본명은 프란체스코 부소네Francesco Bussone. 필리포 공작의 하인 출신으로 장군이 되었는데, 공작이 의심하자 대군을 이끌고 옛 적국인 베네치아로 가서 필리포 공작을 격파했다. 마클로디오 전쟁에서 베르가모와 브레샤를 정복했다.

신들을 안전하게 보호하기 위해 그를 암살할 수밖에 없었습니다.

이후 베네치아는 바르톨로메오 데 베르가모[10], 로베르토 다 산 세베리노[11], 피티글리아노 백작[12] 등을 용병대장으로 기용했습니다. 이때 베네치아가 두려워했던 것은 장군들이 새로운 영토를 점령한 후에 생길 위험이 아니라 그들이 패배해서 기존의 영토를 잃는 것이었습니다. 이런 우려는 훗날 바일라에서 벌어진 단 한 번의 전투[13]에서 현실이 되었으니, 베네치아는 이 전투로 800여 년간 심혈을 기울여 얻었던 영토를 잃고 말았던 것입니다.

그러므로 이처럼 용병을 활용하는 것은 결과적으로 완만하고 매우 느린 속도로 그다지 중요하지 않은 영토를 얻거나, 반면에 돌발적이고도 깜짝 놀랄만한 손해를

---

10 Bartolomeo Colleoni. 카르마뇰라 후임인데, 카라바조 전투에서 프란체스코 스포르차의 밀라노 군대에게 패했다.

11 페라라 전쟁(1482~1484) 당시 베네치아의 장군

12 본명은 Nicolo Orsini(1442~1510). 바일라 전투에서의 사령관

13 1509년 5월 14일

입습니다.

이탈리아에서의 용병의 역사

오랫동안 용병에게 좌지우지됐던 이탈리아의 문제에 근접했으니, 저는 이 용병들에 대해서 좀 더 자세히 논의하고자 합니다. 용병제의 발생과 발전 과정을 검토하면 더 쉽게 해결책을 구할 수 있기 때문입니다.

우선 어떻게 해서 근래 이탈리아에서 황제의 권력이 토대를 상실했고, 교황의 세속적 권력이 강해지면서 이탈리아가 왜 그렇게 많은 국가들로 분열되었는지를 제대로 이해해야 합니다. 이전에 대도시 백성들이 신성로마제국 황제의 지지를 등에 업고 자신들을 억압하던 귀족들에게 대항하여 무기를 들고 일어났는데, 교회가 자신의 세속 권력을 확대하기 위해서 이러한 반란들을 지원했기 때문입니다. 또한 그 외의 많은 다른 도시에서는 백성이 군주의 지위에 올랐습니다. 이로 인해 이탈리아는 주로 교회와 몇몇 공화국의 영향력 아래에 속하게 되었고, 군대를 지휘해본 경험이 없는 성직자나 시민 출신의 군주들이 외국 용병을 고용하여 전투를 치르기 시작한 것입니다.

용병부대의 중요성을 처음으로 널리 알린 사람은 로마냐 사람 알베리코 다 쿠니오[14]입니다. 그의 영향으로 이탈리아인 용병들이 등장했으니, 특히 브라치오와 스포르차의 용병들이 전면에 부상했습니다. 그때부터 오늘날에 이르기까지 용병대장들이 이탈리아의 군대를 지휘하게 되었습니다.

그리고 결국 그들이 보여준 용맹의 결과로 이탈리아는 샤를 왕에게 공략당했고, 루이 왕에게 약탈당했으며, 페르난도 왕에게 유린당하고,[15] 스위스인들로부터 모욕을 당했습니다.[16]

용병의 특징과 병폐

용병대장들은 자기 군대의 명성을 드높이기 위해 보

---

14 알베리코 다 바르비아노Alberico da Barbiano. 로마냐 지역 쿠니오의 백작이다. 외국인 용병이 아니라 이탈리아인 용병제를 만들어냈다.

15 차례대로 샤를 8세, 루이 12세, 페르난도 2세를 가리킨다.

16 1500년 2월의 노바라 전투(루도비코 스포르차에게 고용되어 밀라노에서 루이 12세를 몰아냄), 1512년의 라벤나 전투를 의미한다.

병을 등한시했습니다. 그들은 자기 영토가 없어서 고용되어야만 먹고 살 수 있는데 적은 수의 보병들로는 자신들의 특권을 누릴 수도 없으며, 그렇다고 대규모의 보병을 유지할 여력도 없었기 때문에 보병을 소홀히 한 것입니다. 이런 이유로 그들은 일정 규모 이상의 기병을 거느려야 지위를 유지하고 명성을 드높일 수 있었으므로 전적으로 기병에만 의존했습니다. 그 결과 2만 명 규모의 군대에서 보병이 2천 명에도 미치지 않는 사태에 이르게 된 것입니다.

더 나아가 그들은 가능한 한 모든 수단을 동원하여 자신들과 병사들에게 닥칠 고통과 위험을 덜고자 했으며 이 때문에 전투에서 서로를 죽이는 일도 별로 없었습니다. 그 대신 상대방을 인질로 생포했다가 몸값도 요구하지 않고 풀어주었습니다. 야간에는 요새화된 도시를 공격하지 않았고, 그 도시의 용병들도 포위군의 주둔지를 공격하지 않았습니다. 야영을 할 때도 방책을 쌓거나 외호로 주변을 방어하지 않았으며, 겨울에는 아예 전투를 회피했습니다.

이러한 모든 관행들이 군대의 규율로서 허용되었으

니, 용맹을 떨치기는커녕 자신들의 고통과 위험을 피하기 위한 것이었습니다. 이러한 용병들의 활동 결과로 이탈리아는 노예 상태에 빠지게 되었고 수모를 겪게 된 것입니다.

제 13 장

원군, 혼성군, 자국군

원군으로 군대를 조직한 사례

원군이란 군주가 강력한 외부 세력에게 도움을 요청했을 때 군주를 지원하고 방어하기 위해서 파견된 군대인데, 이 또한 용병처럼 무익합니다. 최근 교황 율리우스 2세가 원군을 이용한 적이 있습니다.[1] 교황은 페라라 전투에서 자신의 용병부대가 별다른 성과를 내지 못하자, 에스파냐의 페르난도 왕에게 자신을 도울 군대와 무

1 1510년 알폰소 데스테가 볼로냐를 탈환하자 에스파냐에 도움을 청했다.

기를 부탁한 것입니다.[2]

원군은 그 자체로서는 유용하고 효과적이지만, 원군에 의지하는 자에게는 거의 항상 해를 끼칩니다. 왜냐하면 그들이 패배하면 군주도 함께 몰락할 것이고, 그들이 승리하면 군주는 그들의 처분에 맡겨지기 때문입니다.

고대 역사에서 이런 사례들을 충분히 발견할 수 있지만, 여기서는 근래에 일어난 교황 율리우스 2세의 사례를 논의하겠습니다. 교황의 결정은 너무나 성급했고 어처구니없는 것이었습니다. 페라라를 얻으려고 외국 군주의 손에 자신을 완전히 내동댕이쳤으니 말입니다.

정말 운 좋게 교황은 자신의 경솔한 정책으로 초래된 결과를 감수하지 않았습니다. 왜냐하면 그가 요청한 원군들은 라벤나에서 패주해버렸지만, 율리우스 교황 자신은 물론 다른 모든 사람들의 예상을 뒤엎고 스위스 군이 도착하여 정복자를 몰아내준 것입니다. 교황은 가까스로 적들의 수중에 넘어가지 않을 수 있었고, 또한 승리를 거둔 자가 자신의 원군이 아니라 다른 군대였기 때

2 1511년 10월 11일 신성동맹

문에 그들의 처분에 내맡겨지는 상황에 빠지지도 않을 수 있었습니다.

한때 전혀 군대가 없었던 피렌체도 피사를 정복하기 위해서 1만 명의 프랑스 군인을 고용했습니다. 이 계획 때문에 피렌체는 그동안 자신들이 겪었던 그 어떤 시련보다도 더 심각한 위기를 맞았습니다.

콘스탄티노플의 상황도 비슷합니다. 비잔틴 제국의 황제[3]가 인접국들과의 전투 때문에 1만 명의 투르크 병력을 그리스로 불러들였는데, 투르크 군이 전쟁이 끝난 후에도 돌아가려 하지 않고 눌러 앉음으로써 결국 그리스가 이교도의 지배 아래로 들어가는 결과까지 초래했습니다.

원군으로는 진정한 승리를 거둘 수 없다

따라서 승리를 원하지 않는 군주라면 원군을 이용해도 좋습니다. 원군은 용병보다도 훨씬 더 위험하기 때문입니다. 원군을 끌어들이는 것은 파멸하겠다는 것과 같

3 1353년 이오나네스 칸타코우제노스 황제

습니다.

원군은 완벽하게 질서정연하여 조금도 흐트러지지 않는데, 요청한 군주가 아닌 타인의 명령에만 복종합니다. 그러나 용병은 승리하더라도 군주를 해칠 수 있을 정도가 되려면 더 많은 시간과 더 많은 기회가 필요합니다. 용병은 군주가 고용하고 보수를 주기 때문에 하나의 단일체로 결속되지도 못합니다. 또한 군주가 용병의 지도자로 임명한 제3의 외부인물은 즉각적으로 군주에게 해를 끼칠 수 있을 정도의 권위를 구축할 수 없습니다. 요컨대 용병이 가장 위험할 때는 그들이 비겁함이나 전투를 기피하려는 태도를 보일 때이고, 원군이 가장 위험할 때는 그들이 능숙함과 용맹함을 보일 때입니다.

자신의 군대를 완벽하게 장악한 체사레 보르자

그러므로 현명한 군주는 용병이나 원군을 피하고 자신의 군대를 양성합니다. 현명한 군주는 외국의 군대를 이용하여 정복하는 것보다 차라리 자신의 군대로 패배하는 것을 택합니다. 현명한 군주는 외국 군대를 이용해 얻은 승리는 진정한 승리가 아니라고 생각합니다.

좋은 예로써 저는 주저 없이 체사레 보르자의 업적을 인용하겠습니다. 발렌티노 공작은 전원 프랑스인인 원군을 이끌고 로마냐 지방의 이몰라와 포를리 등지를 차례로 점령했습니다. 그러다가 그들을 불신하게 되어서 오르시니 파와 비텔리 파의 용병을 기용했습니다. 용병이 덜 위험하다고 판단했기 때문입니다. 그러나 이후 그들의 충성심도 신뢰할 수 없고 위험하다고 판단해서, 용병을 해체하고 자신의 군대를 구성했습니다.

세 종류 군대의 차이는 발렌티노 공작이 각 경우에 누렸던 명성을 비교해보면 명백히 드러납니다. 공작은 자신의 군대를 완벽하게 장악했을 때 영향력이 계속 확대되었고, 백성도 그 모습을 보았을 때 가장 위대하게 평가했습니다.

히에론과 다윗의 사례

최근의 사례들만 인용하고자 했기에 이 인물을 인용하는 것이 주저되지만 시라쿠사의 히에론[4]도 빼놓을 수

4 78쪽 참고

가 없습니다. 히에론은 시라쿠사의 장군으로 임명되자마자 용병부대가 쓸모없는 존재임을 알아차렸습니다. 계속 유지할 수도 없고 해체할 수도 없다고 판단되자, 전원을 참살해버린 후 자신의 군대로 전쟁을 수행했습니다.

다윗[5]이 팔레스타인의 용사 골리앗과 싸우겠다고 했을 때, 사울은 다윗의 용기를 북돋아주려고 자신의 무기와 갑옷을 내주었습니다. 하지만 다윗은 그것을 한 번 사용해본 후, 그것을 입고는 능력을 잘 발휘해서 싸울 수가 없다며 사양하고 자신의 투석기와 단검으로 적과 대결했습니다. 타인의 무기와 갑옷은 자신에게 거추장스럽거나, 자신의 몸을 압박해 부담스럽고 움직임을 제약할 뿐입니다.

프랑스가 저지른 어리석음

샤를 7세(재위 1422~1461)[6]는 자신의 행운과 역량으

5 구약성서 사무엘 상 17장 속 인물. 적장 골리앗을 돌팔매로 쓰러뜨린 영웅이다.

로 프랑스를 영국으로부터 해방시킨 후, 자국군의 필요성을 깨달아 기병과 보병의 징병제를 도입했습니다. 그런데 그의 아들 루이 11세(재위 1461~1483)[7]가 보병을 폐지하고 스위스 군을 고용하기 시작했습니다.

이 커다란 실수는 지금 우리가 명확히 알고 있는 것처럼 또 다른 실수들과 결부되어 프랑스 왕국을 위협하는 많은 위기들의 요소가 되었습니다. 스위스 군에게 특권을 줌으로써 결과적으로 나머지 자기 군대의 사기를 저하시킨 것입니다. 자신의 보병을 해체하고 기병은 외국 군대에 의존하도록 만든 것입니다. 스위스 군대와 함께 싸우는 데 익숙해진 기병들은 그들 없이는 전투에서 승리를 확신하지 못하는 사태에 이르렀습니다. 그 결과 프랑스 군은 스위스 군과는 비교할 수 없을 만큼 열등한 지위에 놓이게 되었고, 스위스 군이 없는 프랑스 군은

---

6 오를레앙 공작. 백년 전쟁(1337~1453) 승리로 영국의 영향력에서 벗어났다. 전쟁 마지막 무렵부터 기병과 보병을 소집하기 시작했다.

7 아버지가 시작한 징병제를 없애서, 프랑스 군을 스위스 장군 휘하로 편입시켰다. 마키아벨리는 이 때문에 프랑스가 라벤나 전투(1512), 노바라 전투(1513)에서 패했다고 보았다.

적군을 상대할 수도 없을 정도로 허약한 군대로 취급되었습니다.

예견해야 하는 용병의 위험

결국 프랑스 군은 일부는 용병으로, 일부는 자국군으로 구성된 혼성군이 되었던 것입니다. 이러한 방식으로 구성된 혼성군은 순수한 원군이나 용병보다는 더 우수하지만, 순수한 자국군과는 비교할 바가 못 됩니다. 만약 샤를 왕이 만들어놓은 모병제를 확대시켰거나 적어도 그대로 유지했더라면 프랑스 왕국은 무적이 되었을 것입니다. 그러나 제가 앞에서 질병에 대해 언급했던 것처럼[8], 인간은 신중함이 부족하기 때문에 얼핏 매력 있어 보이는 정책 속에 있는 독성을 깨닫지 못하고 실행에 옮겨버립니다. 그 독성이 퍼지기 전에 일찍이 그것을 간파해내는 재능은 아주 소수에게만 주어질 뿐입니다.

로마 제국 쇠퇴의 초기 원인을 찾아본다면, 고트 족을 용병으로 활용하면서 비롯되었음을 알 수 있습니다. 그

---

8 36쪽 참고

때부터 로마 제국의 힘이 약화되기 시작했고, 로마 제국이 육성해온 모든 용맹함을 고트족이 다 흡수해버린 것입니다.

자신의 군대가 없는 군주는 결코 안전하지 못하다

결론적으로 저는 어떤 군주국이든 자신의 군대가 없으면 절대 안전할 수 없다고 결론짓겠습니다. 그러한 군주국은 위기가 닥쳤을 때 자신을 방어할 역량이 없기 때문에 전적으로 행운에만 의존해야 할 뿐입니다. 현명한 군주는 '자신의 힘에 근거하지 않은 권력의 명망처럼 취약하고 불안정한 것은 없다'라는 격언을 마음 깊이 새겨야 합니다.

자국군이란 자신이 통치하고 있는 국가의 백성이나 시민, 또는 자신의 부하들로 구성된 군대를 말하며, 그 밖의 경우는 모두 용병이거나 원군입니다.

자기 자신만의 무력을 갖추는 올바른 방법은 제가 앞서 인용했던 네 사람이 사용한 방법을 검토하면 될 것이며, 알렉산더 대왕의 아버지인 필리포스를 비롯한 다른 많은 군주들과 공화국들이 자신들의 국가를 어떻게 무장했고 어떻게 스스로 조직을 갖추었는지를 살펴보면 쉽게 알 수 있습니다. 저는 그들의 방법을 전적으로 믿을 만하다고 생각합니다.

제 14 장

군무에 관해서 군주가 해야 할 것들

군주의 또 다른 직업은 전쟁

군주는 전쟁과 관련한 전술 및 군사 훈련을 제외하고는 그 밖의 다른 어떤 일도 목표로 삼거나 관심을 가지거나 몰두해서는 안 됩니다. 왜냐하면 전쟁과 관련된 것이야말로 통치자에게 필요한 가장 적합한 기술(arte)이기 때문입니다. 이러한 능력은 세습 군주가 지위를 보존할 수 있게 해줄뿐만 아니라, 종종 일개 시민을 군주로 만들 만큼 효과적입니다.

반면에 군주가 군무(軍務)보다 개인의 안락한 삶에

더 몰두할 때 권력을 잃는 것은 당연한 결과입니다. 군주가 권력을 잃는 주된 이유는 군무를 게을리한 탓이며, 권력을 얻을 수 있는 주된 이유는 군무에 능통한 덕분입니다. 프란체스코 스포르차는 군무에 능통했기 때문에 일개 평범한 시민에서 밀라노 공국의 군주가 될 수 있었습니다. 반면에 그의 후손들은 군사로 인한 불편함을 회피했기 때문에 군주의 지위에서 평범한 시민으로 전락했습니다.

무력을 갖추지 못한 군주는 경멸을 받는다

군주는 다른 모든 나쁜 결과는 차치하고라도 무력을 제대로 갖추지 않으면 경멸당합니다. 이러한 상황은 모름지기 현명한 군주라면 스스로 경계해야만 하는 불명예스러운 일 중의 하나입니다.

무력을 갖춘 이와 그렇지 못한 이 사이에는 엄청난 격차가 존재합니다. 이 둘 사이에는 어떤 공평함도 있을 수 없기 때문입니다. 무력을 갖춘 사람이 없는 사람에게 자발적으로 복종하기를 기대해서는 안 됩니다. 또한 무력이 없는 군주가 무력을 갖춘 부하들 사이에서 안전하기를 기대할 수도 없습니다. 무력이 없는 자는 상대를 의심하며 두려워하고, 무력을 갖춘 자는 상대를 경멸하기 때문에 서로 협력하여 일을 잘 해나가기란 불가능합니다.

요컨대 다른 그 어떤 실책들보다도 군무에 정통하지 않은 군주는 자신의 병사들로부터 존경받지 못할 것이며 군주도 그들을 신뢰할 수 없게 되는 것입니다.

훈련과 연구

그러므로 군주는 항상 군무에 관심을 집중하고, 전시보다 평화로운 시기에 더 많은 관심을 가져야 합니다. 이를 실천하는 두 가지 방법이 훈련과 연구입니다.

훈련이라 함은, 군대의 기강을 잡고 병사를 잘 훈련시켜 군대를 잘 조직하는 일 이외에도 군주가 평소에 사냥에 몰두함으로써 신체를 거친 고난에 익숙해지도록 단련하는 한편 자연지형을 익히는 것입니다. 강과 습지의 특징은 물론이고 산은 어떤 모양으로 솟아 있고, 골짜기와 계곡은 어떻게 전개되며, 평지는 어떻게 펼쳐져 있는가에 주의를 기울여 이들의 특성을 꿰뚫고 있어야 합니다. 군주는 반드시 이런 사안들에 모든 관심을 집중하고 있어야만 합니다.

이와 같은 실제적 지식은 두 가지 면에서 매우 가치가 있습니다. 첫째, 자신이 다스리는 국가의 지형을 잘 알게 되므로 그곳을 어떻게 방어할지를 확실히 알 수 있습니다. 둘째, 지형에 대한 지식과 경험을 바탕으로 처음 접하는 지역의 새로운 지형의 특징도 쉽게 파악할 수 있습니다.

예컨대 토스카나의 언덕, 골짜기, 평지, 강, 늪 등은 여러 가지 면에서 다른 지역에서 발견되는 특징들과 비슷합니다. 따라서 어느 지역의 지형을 잘 알고 있으면 쉽게 다른 지역의 지형도 쉽게 파악할 수 있게 됩니다. 이러한 전문 지식을 결여한 군주는 지도자가 갖추어야 할 가장 중요한 자질을 갖추지 못한 것입니다. 왜냐하면 군주는 이러한 지식들을 전쟁에 유리한 방법으로 활용함으로써 적을 놀라게 해야 하기 때문입니다. 이로써 적을 추적하고, 적절한 주둔지를 결정하고, 군대를 이끌고 나아가 적을 향해 진격하고, 전투를 준비하며 자신에게 유리하도록 요새화된 도시들을 포위할 수 있는 것입니다.

필로포이멘의 끊임없는 훈련

역사가들이 아카이아 동맹군의 지도자였던 필로포이멘Philopoemen(BC 252~BC 182)[1]을 찬양했던 이유 중 하나는 평화로운 시기에도 언제나 전쟁 수행 방법을 연구했다는 점입니다. 그는 부하들과 야외에 나갔을 때도 종종 발걸음을 멈추고 다음과 같은 질문을 던지고는 했습니다.

"적군이 저 언덕 위에 있고 우리군이 여기에 있다면, 누가 더 유리한 위치인가? 적절한 대형을 유지하면서 우리가 그들을 공격할 수 있는 방도는 어떤 것이 있는가? 만약 우리 군이 후퇴한다면 어떻게 후퇴해야 하는가? 만약 적군이 퇴각한다면 우리는 어떻게 그들을 추격해야 하는가?"

그는 부하들과 같이 다니면서 자신의 군대가 처할 수 있는 모든 우발적인 상황을 그들에게 제시하고 의견을 들었으며, 나름대로의 근거를 갖춘 자신의 의견을 밝혔습니다. 이러한 지속적인 관찰과 토론 덕분에, 그는 전

1 스파르타의 나비스와 로마의 장군 플라미니누스를 상대로 싸웠다.

시에 자기 부대를 이끌고 출전했을 때 대책을 강구하지 못한 예상 밖의 상황과 부딪치는 상황이 결코 없었습니다.

평화로운 시기에도 나태해서는 안 된다

군주는 지적인 훈련을 위해서 역사서를 읽어야 합니다. 특히 위인들의 행적을 연구하고, 위인들이 전쟁을 수행할 때 어떻게 처신했는지 살펴봐야 합니다. 실패를 피하고 성공을 본받기 위해 그들이 거둔 승리와 패배의 원인을 면밀히 살펴서 모방해야 합니다.

과거의 위대한 인물들도 찬양과 영광의 대상으로 칭송받던 그들의 선배들을 모방하고자 했습니다. 알렉산더 대왕은 아킬레우스Achileus[2]를 모방했고, 카이사르Julius Caesar(BC 100~BC 44)[3]는 알렉산더 대왕을 모방했으며, 스키피오Scipio Africanus Major(BC 236~BC 184)[4]는 키루스의 행적을 모범으로 삼았습니다.

크세노폰이 기록한 키루스의 생애를 읽어본 사람이라면 누구나 스키피오가 키루스를 모방함으로써 자신의 영광을 성취하는 데에 얼마나 큰 도움을 받았는지 알 수 있습니다. 스키피오의 순결함, 친절함, 예의바름, 관대함이 키루스의 성품을 모방하며 얻은 것임을 알아차릴 것입니다.

현명한 군주라면 언제나 이러한 규범들에 따라 행동해야만 하며, 평화로운 시기라고 해서 결코 나태해져서는 안 됩니다. 오히려 근면한 활동을 통해서 부지런히 자신의 역량을 강화함으로써 역경의 시기에 처할 때를 대비해야 합니다. 그렇게 하면 운명이 변하더라도 그는 그 변화에 맞설 준비가 되어 있을 것입니다.

---

2 그리스 신화 속 인물. 기원전 13~12세기 트로이 전쟁에서 활약했다.

3 로마 내전을 끝낸 정치인. 종신독재관에 올라서 공화주의자들에게 암살당했는데 이때 "브루투스, 너마저!"라고 말했던 것으로 유명하다.

4 제2차 포에니 전쟁에서 활약한 로마의 장군. 적장 한니발이 알프스를 넘어와서 로마의 허를 찔렀다면, 스키피오는 카르타고 본토를 습격하는 전략으로 승부수를 띄워서 '아프리카를 제압한 자(아프리카누스)'라는 칭호를 얻었다.

제 15 장

사람들, 특히 군주가 칭송받거나 비난받는 행동들

어떻게 살아야 하는가? 실제 그렇게 살고 있는가?

이제 군주가 자신의 백성 및 동맹에게 어떻게 행동해야 마땅한지를 고찰하겠습니다. 이미 많은 사람들이 이 주제를 논해왔습니다만, 특히 이 주제에 대해서는 그들이 제안한 원칙들과 제가 말하려는 바가 상당히 다르기 때문에, 혹시 제가 주제넘다고 생각되지 않을까 하는 두려운 마음이 앞섭니다.

그러나 저는 이 문제를 이해할 수 있는 사람이라면 누구에게나 도움이 될 수 있도록 쓰고자 하기 때문에, 이론이나 사변보다는 실제적 진실에 관심을 기울이는 것이 더 낫다고 생각합니다. 왜냐하면 이제까지의 많은 사람들은 현실에서 결코 한 번도 확인되지 않은, 알려지거나 목격된 적조차 없는 공화국이나 군주국을 상상만으로 제시해왔기 때문입니다.[1]

그러나 '인간이 실제 어떻게 사는가'는 '인간이 어떻게 살아야 하는가'와는 큰 차이가 있기 때문에, 인간사에서 보통 행해지는 것을 행하지 않고 마땅히 행해야 할 것을 행하겠다고 고집하는 군주는 권력을 잃고 말 것입니다. 어떤 상황에서나 선하게 행동해야 한다고 고집하는 사람은 선하지 않은 많은 사람들에게 둘러싸여 곧 몰락할 것입니다.

그러므로 군주가 자신을 보존하고자 한다면 상황에 따라 선하지 않게 행동하는 법을 배워서, 필요에 따라 그것을 사용하거나 사용하지 않아야 합니다.

---

1 《국가》에서 이상국가(철인통치)를 제시한 플라톤 같은 고대 저술가들, 지배자의 이상과 의무를 강조하는 당대(르네상스 시대) 인문주의자들을 지칭한다.

꼭 필요하다면, 악덕을 행하고 나쁜 평판에 개의치 말라

그러므로 저는 군주에 관한 환상적이고 추상적인 이야기들은 제쳐두고 실제로 벌어지는 현실에 대해 말하겠습니다. 사람들, 특히 높은 위치에 있는 군주들을 논할 때 그들은 성품(qualità, quality)들을 칭송받거나 비난받습니다. 즉, 어떤 이는 인심이 후하다고, 다른 이는 인색(misero)하다고 평가받습니다(토스카나 언어에서, avaro는 약탈로 부자가 되려는 탐욕이고 misero는 자기 소유물을 과하게 절약하는 인색함이기에, 여기서는 misero를 쓰겠습니다). 다른 성품들도 마찬가지입니다. 베푸는 사람과 탐욕적인 사람, 잔인한 사람과 자비로운 사람, 신의가 없는 사람과 충직한 사람, 나약하고 비겁한 사람과 단호하고 기백이 있는 사람, 친절한 사람과 오만한 사람, 호색적인 사람과 절제하는 사람, 진실한 사람과 교활한 사람, 유연한 사람과 완고한 사람, 진지한 사람과 경솔한 사람, 경건한 사람과 불경한 사람…….

군주가 훌륭하다고 생각되는 성품들을 모두 갖추면 가장 바람직하고 칭송받을 일입니다. 모든 사람들이 기꺼이 이를 인정할 것입니다. 그러나 훌륭한 성품 모두를 갖추기란 불가능하고, 현실적 상황들은 그 성품들을 전적으로 발휘할 수 있는 미덕의 삶을 용납하지도 않습니다. 그러니 군주는 자신의 지위를 잃게 할 정도의 나쁜 평판만은 피하도록 신중해야 합니다. 또 정치적으로 위험을 초래하지 않는 악덕일지라도 가급적 피하도록 노력해야 합니다.

그런데 만약 그렇게 할 수 없다면, 정치적으로 위험을 초래하지 않는 악덕은 별다른 불안을 느끼지 않아도 될 것입니다. 더 나아가 그러한 악덕 없이는 지위를 유지할 수 없다면 그 악행으로 인해서 나쁜 평판이 발생하는 것도 개의치 말아야 합니다.

왜냐하면 모든 것을 신중하게 고려할 때, 미덕으로 보이는 어떤 일을 실행하는 것이 자신의 파멸을 초래하는 반면, 악덕으로 보이는 일을 하는 것이 결과적으로 자신의 안전을 확보하고 국가의 번영을 가져오는 경우가 있기 때문입니다.

제 16 장

관대함과 인색함

관대해야 하지만, 관대하다는 평판은 얻지 말라

앞에서 언급한 성품 중에서 첫 번째 것을 먼저 논해보겠습니다. 저는 관대하다고 여겨지는 것은 바람직하지만, 군주가 관대하다는 평판을 얻을 정도로 정말로 관대하게 행동한다면 그것은 오히려 군주에게 해가 된다고 주장하겠습니다. 왜냐하면 만약 관대함이라는 미덕을 제대로 실천한다면, 미덕으로 인정받지도 못하고, 오히려 인색하다는 비난에 직면할 것이기 때문입니다.

관대하다는 평판을 얻고 싶다면 사치스럽고 과시적

으로 재물을 사용해야 합니다. 그러면 불가피하게 자신이 가진 모든 자원이 다 소모됩니다. 그런데도 군주가 계속해서 관대하다는 평판을 원한다면, 결국 백성에게 아주 무거운 세금을 부과하고 가능한 모든 수단을 동원해서 수탈하게 됩니다. 이런 악순환으로 군주는 궁극적으로 탐욕적이 되고 백성에게 미움받기 시작할 것이며, 또한 가난해졌기 때문에 아무도 그를 존경하지 않게 됩니다.

군주의 관대함 때문에 대다수가 피해를 입고 극소수만 이익을 얻으니까, 군주는 사소한 난관에도 쉽게 흔들리게 되고 처음 맞닥뜨리는 위험이 중대한 시련이 됩니다. 군주가 이 점을 깨닫고 자신의 처신을 바꾸고자 하면, 그는 즉시 인색하다는 악평을 듣게 될 것입니다.

인색하다는 평판에 개의치 말라

자신에게 해를 끼치지 않으면서, 관대하게 행동하는 동시에 관대하다는 평판까지 듣는 것은 불가능하기 때문에, 현명한 군주는 인색하다는 평판에 개의치 않아야 합니다.

왜냐하면 군주의 인색함 때문에 어떠한 적의 공격도 막아낼 준비가 되어 있고 백성에게 특별세를 부과할 필요도 없이 재정이 충분하다는 것을 사람들이 깨닫게 되면, 궁극적으로 그 군주는 관대하다는 명성을 더 크게 얻기 때문입니다. 군주는 재산을 보존하게 된 대다수 백성들에게 관대하다는 평판을 듣고, 군주에게 아무것도 받지 못한 극소수의 사람들로부터만 인색하다는 평을 듣습니다.

우리 시대 위인들은 모두 인색하다는 평판을 얻었습니다. 반대의 경우에는 모두 실패했습니다. 교황 율리우스 2세는 교황의 자리에 오르려고 관대하다는 평판을 키웠지만, 교황이 된 이후에는 프랑스와의 전쟁을 준비해야 했기에 더 이상 그러한 평판을 유지하고자 애쓰지 않았습니다. 프랑스 왕 루이 12세는 오랫동안 행한 검약한 생활덕분에 추가되는 전쟁 경비를 스스로 충당해서 백성에게 전쟁 특별세를 부과하지 않고도 수많은 전쟁을 수행할 수 있었습니다. 에스파냐 아라곤의 왕 페르난도 2세도, 만약 관대하다는 평을 받고 있었다면 그토록 많은 전투를 수행하지 못했을 것이고 그만한 성공도 거둘 수 없었을 것입니다.

군주가 되려거든 관대하라. 군주가 되었거든 인색하라

요컨대 군주는 백성의 재산을 빼앗지 않고도 자신을 방어할 수 있기 위해서, 가난해지거나 경멸받지 않기 위해서, 그리고 어쩔 수 없이 강탈하며 탐욕적이 되지 않기 위해서, 인색하다는 평판을 듣는 것에 큰 신경을 쓰지 않아야만 합니다. 인색함이야말로 통치를 위해 허용된 악덕들 중의 하나입니다.

카이사르가 관대함으로 절대 권력을 얻었고 다른 많은 사람들 역시 씀씀이가 넉넉했고 또 그렇게 평가받았기 때문에 높은 지위에 오른 것이라고 반론을 제기하는 사람도 있을 것입니다. 이에 대해서 저는 이미 군주의 자리에 올랐는지, 군주가 되고자 노력하는 과정인지에 따라 다르다고 대답하겠습니다.

이미 군주의 자리에 올랐다면 관대함은 지극히 해롭고, 군주가 되고자 하는 과정에 있다면 관대하다는 평가를 받는 것이 분명히 필요하기 때문입니다. 카이사르는 로마의 군주가 되려고 애쓸 때 관대했고, 군주가 된 이

후에는 씀씀이를 줄였습니다. 그렇지 않았다면 그는 권력을 잃었을 것입니다.

만약 관대하다고 평가받은 많은 군주들이 위대한 군사적 승리를 거두었다는 반론이 제기된다면, 저는 군주가 자신과 백성의 재산을 사용하는 경우와 타인의 재산을 쓰는 경우가 다르다고 대답하겠습니다. 군주는 백성과 자신의 재산을 사용할 때는 아껴야 하고, 타인의 재산을 사용할 때는 가급적 씀씀이를 넉넉하게 해서 자신의 관대함을 드러내는 데에 주저함이 없어야 합니다. 군주는 전리품, 약탈품, 배상금 등 타인의 재물로 자신의 군대를 이끌어가야 하기 때문에 씀씀이가 넉넉해야 합니다. 그렇지 않으면 병사들이 그를 따르지 않기 때문입니다.

키루스, 카이사르, 알렉산드로스의 경우처럼 군주 자신이나 백성들의 것이 아닌 재물은 마음껏 사용해도 됩니다. 타인의 재산을 낭비한다고 해서 결코 군주의 평판이 떨어지지 않고, 오히려 그 군주의 평판이 드높아집니다. 군주에게 해가 되는 경우는 오로지 군주 자신의 재산을 낭비하는 경우입니다.

관대하면 경멸당하고 미움받는다

관대함처럼 순식간에 재산을 소모하게 하는 것은 없습니다. 군주가 관대함의 미덕을 행하면 행할수록, 그것을 실행할 권력마저 사라지게 됩니다. 그것을 실천하는 군주는 가난해지거나 경멸당하게 될 것이며, 혹은 가난을 피하려고 탐욕을 부리게 되고 미움을 받게 됩니다.

군주는 그 무엇보다도 경멸당하고 미움받는 일을 경계해야 하는데, 관대함은 군주를 이 두 가지 길로 이끕니다.

따라서 관대하다는 평판을 얻기 위해서 비난은 물론 미움까지 받게 되어 결국 탐욕스럽다는 평판을 얻는 것보다, 비난을 받을지언정 미움은 받지 않도록 인색하다는 평판을 듣는 것이 훨씬 더 현명할 것입니다.

제 17 장

인자함과 잔인함 : 사랑받을 것인가, 두려움의 대상이 될 것인가

현명한 잔인함이 진정한 인자함이다

군주는 무자비하다는 것보다는 인자하다는 평판을 받도록 노력해야 합니다. 단, 인자함을 잘못된 방법으로 베풀지 않도록 조심해야 합니다.

체사레 보르자(발렌티노 공작)를 보통 무자비하다고들 말하지만, 그의 엄격한 조치들로 인해 로마냐 지방이 질서를 회복하고 통일되고 평화로운 지역으로 거듭났습니다. 그의 행동을 잘 살펴보면, 잔인하다는 평판을 피하려고 피스토이아Pistoia가 붕괴되도록 방치한 피렌체인들보다 그가 훨씬 더 자비롭다고 생각됩니다.[1]

군주는 백성의 결속을 이끌어내고 그들이 충성을 바치도록 할 수만 있다면 잔인하다는 비난에 대해 걱정할 필요가 전혀 없습니다. 지나친 자비로움으로 혼란을 방치해서 그 결과 많은 사람들이 죽거나 약탈당하게 하는 군주보다, 소수의 몇 명을 시범적으로 가혹하게 처벌해서 질서를 잡는 군주가 더 자비롭다고 하겠습니다. 지나친 자비로움은 공동체 전체에 해를 끼치는데, 군주가 집행한 가혹한 조치들은 특정한 몇몇 개인만을 해치기 때문입니다.

특히 신생 군주국은 다른 일반적인 군주국보다 위험으로 가득 차 있기 때문에, 신생 군주국의 군주는 잔인하다는 평판을 피할 수가 없습니다. 그래서 베르길리우스Publius Vergilius Maro(BC 70~BC 19)[2]는 디도의 입

1 피렌체의 주변국. 1329년부터 피렌체의 지배를 받았다. 1501년 판치아티치Panciatici 파와 칸첼리에리Cancellieri 파의 파벌 경쟁이 격렬할 때 피렌체는 오히려 분쟁을 유지시켰다.

을 빌어 다음과 같이 자신의 통치가 가혹했던 것을 변명했습니다.

"내 왕국은 신생 왕국이었고, 내가 처한 가혹한 상황이 나로 하여금 그렇게 조치하도록 만들었으며, 내 영토의 구석구석을 삼엄하게 방어하도록 만들었도다. (《아이네이아스》)"

절제된 엄격함

그럼에도 군주는 사람들에게 적대적인 행동을 취할 때 항상 신중해서 두려움의 존재로 자신을 드러내서는 안 됩니다. 군주는 신중함과 자비로움이 적절히 안배된 태도로 행동해야 합니다. 그러면 지나친 자신감으로 인해서 경솔하게 처신하지 않고, 지나친 의심으로 주위사람들을 힘들게 하는 일도 없을 것입니다.

---

2 로마의 위대한 시인. 서사시 〈아이네아스〉는 로마의 전설적 창시자의 이야기로, 신의 인도로 세계를 문명화한다는 로마의 사명을 천명했다.

사랑받는 것보다 두려움의 대상이 되어야 한다

바로 여기서 '사랑을 느끼게 하는 것과 두려움을 느끼게 하는 것 중에서 어느 편이 더 나은가' 하는 의문이 생깁니다. 군주라면 사랑도 느끼게 하는 동시에 두려움도 느끼게 하는 것이 바람직하겠지만, 동시에 둘 다 느끼게 하는 것은 거의 불가능합니다. 그래서 굳이 어느 하나를 선택해야 한다면, 사랑을 느끼게 하는 것보다는 두려움을 느끼게 하는 것이 훨씬 더 안전하다고 생각합니다.

일반적으로 인간에게 다음과 같은 특성이 있기 때문입니다. 즉, 인간은 은혜를 모르고, 변덕스럽고, 위선적이고 기만에 능하며, 비겁해서 위험을 피하려고만 하고, 이익에 눈이 어둡습니다. 그래서 군주가 은혜를 베푸는 동안에는 군주에게 온갖 충성을 다 바칩니다. 막상 그럴 필요가 없을 때 군주를 위해 피를 흘리고 재산과 생명, 그리고 자식마저도 바칠 것처럼 행동합니다.

그러나 정작 군주에게 그러한 것들이 필요해질 때 등을 돌립니다. 그러므로 전적으로 그들의 약속만을 믿고 그 약속을 권력의 기반으로 삼아 다른 대책 마련에 소홀한 군주는 몰락하고 말 것입니다. 위대하고 고결한 정신에 의한 것이 아니라 물질적 대가를 주고 얻은 우호 관계는 진정으로 얻은 것이 아니며, 오히려 그것이 필요할 때가 되면 사용할 수 없게 되는 것입니다.

미움받지 않는 방법 : 남의 재산에 손대지 말라

인간은 사랑을 베푸는 자를 해칠 때보다 두려움을 불러일으키는 자를 해칠 때 더 주저합니다. 왜냐하면 사랑이란 일종의 감사 관계로 유지되는데, 인간이란 악해서 자신의 이익을 취하기 위해서라면 어떤 경우라도 그것을 저버리기 때문입니다. 반면 두려움은 항상 처벌에 대한 공포로써 유지되며 이는 결코 실패하는 경우가 없습니다.

군주는 자신을 두려운 존재로 만들어서, 비록 사랑받지는 못하더라도 미움받는 일만은 피해야 합니다. 미움받지 않으면서 두려움의 대상으로 남아 있는 것은 얼마든지 가능합니다. 백성 및 신하 들의 재산과 그들의 부녀자들에게 손을 대지 않는다면 얼마든지 유지할 수 있습니다.

만약 누군가를 처형할 일이 생기더라도 적절한 명분과 명백한 이유가 있을 때로 제한하면 됩니다. 그러나 그 어떤 무엇보다도 타인의 재산에는 절대로 손대지 말아야 합니다. 왜냐하면 인간이란 부모의 죽음은 쉽게 잊어도 그 부모로부터 물려받은 재산을 잃는 것에 대해서는 좀처럼 잊지 못하기 때문입니다. 게다가 타인의 재산을 빼앗을 명분은 무궁무진합니다. 한 번 타인의 재산을 빼앗기 시작한 사람은 언제라도 그 재산을 빼앗기 위한 핑계를 찾아낼 수 있습니다. 반면에 목숨을 빼앗을 이유나 핑계는 찾기 어려우며 쉽게 사라져 버립니다.

장군은 잔인해야 한다

그러나 군주는 군대를 통솔하고 많은 병력을 지휘할 때는 잔인하다는 평판쯤은 절대 두려워해서는 안 됩니다. 군주에게 잔인하다는 평판이 없다면 군대의 단결을 유지하거나 군사 작전에 적합하게 준비시킬 수가 없습니다.

한니발Hannibal(BC 247~BC 183)[3]의 뛰어난 활약에 대한 설명 중 특히 주목할 만한 사실이 있습니다. 그는 다국적 다민족이 뒤섞인 대군을 거느리고 외국 땅에서 전투를 치렀는데, 상황이 유리할 때나 불리할 때나 휘하의 고위 장군부터 신참 병사까지 어떠한 분란도 일으키지 않았다는 점입니다. 이 사실은 그의 다른 능력들과 더불어 그의 부하들이 그를 항상 존경하고 두려워하도록 만든 그의 무자비한 잔혹함에 의해서만 가능했습니다. 그리고 그에게 잔인함이 없었다면 그의 다른 역량들만으로는 그러한 성과를 거두지 못했을 것입니다.

한니발의 이러한 면모를 간과한 분별없는 저술가들은 그의 성공적인 공적들에 대해 찬사를 늘어놓으면서도 그 공적들의 주된 원인을 비난하고 있는 것입니다.

인자한 스키피오가 주는 교훈

잔혹함을 제외한 한니발의 다른 역량들만으로는 훌륭한 공적들을 이루어내지 못했을 것이라는 저의 논점

---

3 제2차 포에니 전쟁에서 로마 공화국을 여러 차례 궁지로 몰아넣었던 카르타고의 명장. 코끼리 부대를 이끌고 알프스 산맥을 넘어 이탈리아 반도로 침입했던 것으로 유명하다. 잔혹했으나 공정해서 부하들 사이에 불협화음이 전혀 없었다.

은 스키피오[4]가 겪은 예를 통해 입증할 수 있습니다. 스키피오는 당대는 물론 역사에 기록된 모든 인물들 중에서도 매우 훌륭한 인물로 평가받지만, 그가 이끌던 군대는 에스파냐에서 반란을 일으켰습니다. 왜냐하면 스키피오가 너무나도 자비로워서 자신의 병사들에게 군사적 규율을 유지하는 데에 필요 이상으로 더 많은 자유를 허용했기 때문이었습니다.

이 때문에 파비우스 막시무스는 원로원에서 '스키피오는 로마 군대를 부패시킨 장본인'이라고 비난했습니다. 스키피오는 자신이 임명한 지방 장관 때문에 로크리[5]가 약탈당하고 황폐해졌을 때, 그곳 백성의 원성을 들어주지 않았고 그 지방관의 오만방자함도 처벌하지 않았습니다. 스키피오는 너무 자비로웠습니다.

원로원에서 그를 변호했던 인물은, 타인의 비행을 처벌하기보다는 스스로 그러한 비행을 저지르지 않는 것을 잘하는 사람들이 있는데 스키피오가 바로 그런 유

---

4 174쪽 참고

5 칼라브리아 지방에 있는 그리스계 식민 도시국가

형의 사람이라고 변호했습니다. 그가 만약 이런 성품을 고집하면서 계속 견제받지 않고 군대를 지휘했더라면, 그 자신의 성향으로 인해서 스키피오의 명성과 영광은 결국 사라졌을 것입니다. 다행히 그는 원로원의 통제를 받았기 때문에 자신에게 해가 되는 이러한 성품이 적절히 억제되었고 나아가 그는 영광을 얻을 수 있었던 것입니다.

군주는 자신의 뜻대로 행동해야 한다

사랑을 느끼게 하는 것과 두려움을 느끼게 하는 것의 문제로 되돌아가자면, 백성은 자신의 선택에 따라 사랑하고 군주의 선택에 따라 두려움을 느끼기 때문에, 군주는 타인의 뜻에 따르기보다는 자신의 선택에 따라 행동해야 한다고 결론을 내리겠습니다. 다만 앞에서 언급했던 것처럼 미움받는 일만큼은 피할 수 있도록 노력해야 합니다.

제 18 장

약속을 지키는 방법

술책이 진실을 이긴다

군주가 신의를 지키며 남을 속이지 않고 정직하게 사는 것이야말로 칭송받을 만한 일임은 누구나 다 알고 있습니다. 그럼에도 불구하고 경험에 따르면 우리 시대에 위대한 업적을 이룬 군주들은 신의를 그다지 중요하게 여기지 않고 오히려 기만을 통해 사람들을 혼란시키는 데에 능숙했습니다. 그들은 신의를 지키는 자들을 제압하고 승리를 거두었습니다.

군주는 짐승의 성품을 갖춰야 한다

그러므로 싸움을 하는 데에는 두 가지 방법이 있음을 알아야 합니다. 한 가지는 법에 의지하는 것이고, 다른 한 가지는 힘에 의지하는 것입니다.

법에 의지하는 방법은 인간에게 어울리는 것이고, 힘에 의지하는 방법은 짐승에게 어울리는 것입니다. 그러나 법만으로는 다양한 상황에 대처하기에 충분하지 않기 때문에 힘에 의지할 줄도 알아야 합니다. 군주는 모름지기 짐승의 방법과 인간의 방법을 고루 현명하게 사용하는 방법을 알고 있어야 합니다.

고대 저술가들은 군주들에게 이러한 정책을 비유적으로 가르쳤습니다. 아킬레우스나 고대의 유명한 많은 군주들이 케이론[1]에게 양육되고 훈련받고 교육받았습니다. 고대의 많은 군주들이 반인반수(半人半獸)를 스승으로 섬겼다는 것은 군주가 이 두 가지 성품을 다 갖추어야 하며, 그중 어느 한 쪽을 갖추지 못하면 자신들의

1 그리스 신화 속 인물. 켄타우로스 족(반인반마半人半馬)의 현자로 다수의 영웅들을 가르쳤다. 이아손, 헤라클레스, 의술의 신 아스클레오피스, 트로이 전쟁의 영웅 아킬레우스가 그의 제자들이다.

지위를 오래 보존할 수 없음을 의미합니다.

여우와 사자

군주는 짐승의 성품도 잘 이용할 줄 알아야 하는데, 특히 여우와 사자의 성품을 모방해야 합니다. 사자는 덫(함정, 계략)을 피하지 못해서 빠지기 쉽고, 여우는 늑대(무력, 폭력)를 물리칠 수 없기 때문입니다. 따라서 덫을 알아차리려면 여우가 될 필요가 있고, 늑대를 혼내주려면 사자가 되어야 합니다. 그저 사자의 역할만 하려는 군주는 모든 일의 본질을 제대로 이해하지 못합니다.

따라서 군주는 신의를 지키는 것이 자신에게 불리해지거나 약속을 맺었던 이유가 사라지면, 약속을 지킬 수도 없고 지켜서도 안 됩니다. 만약 모든 인간이 선하다면 이 조언은 적절하지 못할 것입니다. 그러나 인간이란 사악하고 군주와 맺은 약속을 지키려고 하지 않기 때문에 군주 역시 그들에게 했던 약속에 구속되어서는 안 됩니다.

또한 군주는 약속을 지키지 못할 정당한 이유들을 언제나 만들어낼 수 있습니다. 최근 우리는 수많은 평화협정과 약속들이 신의 없는 군주들에 의해서 파기되고 무효화되는 모습을 보았습니다. 그들 중에서 여우의 기질을 가장 잘 모방한 군주들이 가장 큰 성공을 거두었습니다.

그러나 여우의 기질을 잘 사용하려면, 교묘하게 잘 감추는 방법을 아는 것이 필요합니다. 가장 능숙한 기만자이자 위선자가 될 수 있어야 합니다. 인간은 매우 단순하고 눈앞의 필요에 따라서 쉽게 움직이기 때문에, 속이자고 들자면 쉽게 속는 사람들을 항상 발견할 수 있습니다.

교황이 약속을 지키는 방법? 약속을 어겨라

최근의 한 사례를 말씀드리겠습니다. 교황 알렉산데르 6세는 사람들을 어떻게 속일 수 있을지에 대해서만 생각했으며, 그는 줄곧 사람들을 속여오면서 그들이 항상 속는다는 것을 알았습니다. 그처럼 모든 일을 확고하게 맹세하고 수많은 약속들로 확인해주고도, 그 약속을 지키지 않았던 사람은 없을 것입니다. 그럼에도 불구하고 그는 인간의 단순한 성품에 대해서 제대로 이해했기 때문에 그의 속임수는 언제나 완벽하게 성공했습니다.

필요하다면 악행에 거침없어야 한다

그렇기 때문에 군주는 앞서 언급했던 모든 성품을 실제로 다 갖출 필요는 없지만, 마치 모두 다 갖춘 것처럼 보이는 것은 반드시 필요합니다. 더 나아가 저는 군주가 그러한 성품을 모두 갖추고 끊임없이 실천하는 것은 해롭고, 그것들을 갖추고 있는 것처럼 보이는 것이 이롭다고까지 감히 장담하겠습니다.

예를 들어, 자비롭고 신의가 있으며 인간적이고 정직하고 경건해 보이는 것이 좋으며 또한 실제로 그런 성품을 가지고 있는 것이 좋습니다. 그러나 그런 성품을 보이지 말아야 할 필요가 생긴다면 군주는 정반대로 행동할 준비가 되어 있어야 하며 실제로 그렇게 행동할 수도 있어야 합니다.

군주는, 특히 신생 군주는 사람들이 좋다고 생각하는 방법으로 처신할 수 없음을 분명히 알아야 합니다. 왜냐하면 권력을 유지하려면 종종 어쩔 수 없이 신의를 저버려야 하고, 자비심도 버리고 무자비하게 행동해야 하며,

종교의 계율도 무시해야만 하는 일이 발생하기 때문입니다.

따라서 군주는 운명의 방향과 시시각각 변하는 상황이 자신을 제약할 때 스스로의 행동을 그것에 맞추어 자유자재로 바꿀 수 있는 준비를 하고 있어야 합니다. 거듭 말하지만, 가능하다면 올바른 태도를 지니고 있어야 하지만 필요하다면 악행을 저지를 수도 있어야 합니다.

다수의 사람들은 겉모양으로 판단한다

그러므로 군주는 자신의 입에서 나오는 모든 말들이 앞서 언급한 다섯 가지 성품들로 가득 차 있도록 주의를 기울여야 합니다. 군주를 대면하는 사람들에게 지극히 자비롭고 신의가 있으며 정직하고 인간적이고 신앙심이 깊어 보여야 합니다(특히나 신앙심이 깊은 것처럼 보여야 합니다).

일반적으로 사람들은 손으로 만져보고 판단하기보다는 눈으로 보고 판단하기 마련입니다. 그런데 모두가 군주를 바라볼 수 있지만, 직접 만져볼 수 있는 사람은 매우 드뭅니다. 대다수는 군주가 밖으로 드러내는 외양만 볼 수 있고, 군주가 진실로 어떤 사람인지를 직접 경험해볼 수 있는 사람은 극히 소수에 불과합니다. 그리고 그러한 소수는 자신들을 보호하기 위해 군주를 모시는 대다수의 견해에 감히 반대할 수 없습니다. 사람들은 모든 인간의 행동에 대해서, 특히 직접 경험해볼 수 없는 군주의 행동에 대해서는 결과에만 주목합니다.

이로써 군주는 전쟁에서 승리하고 국가를 보존할 수 있는 것이며, 그가 사용한 수단은 언제나 명예롭고 찬양받을 만한 것으로 모든 사람들에 의해서 판단될 것입니다. 그 이유는 일반적인 사람들은 보통 일의 겉모습과 결과에 현혹되기 때문입니다. 그리고 이 세상에는 일반적인 사람들이 대다수이며, 그러한 다수가 군주에 의지해 하나가 될 때 소수는 선택의 여지가 없게 되는 것입니다.

이름을 굳이 밝히지는 않겠지만,[2] 우리 시대의 어떤 한 군주는 실상 평화와 신의에 대해 적대적이면서도 입

2 아라곤 왕국의 페르난도 2세를 말한다.

으로는 항상 이를 주장하고 있습니다. 하지만 만약 그가 평화와 신의를 말 그대로 실천에 옮겼다면 그는 자신의 명성이나 국가를 여러 번 잃었을 것입니다.

제 19 장

경멸과 미움을 피하는 방법

암초를 피하듯 미움받는 결정을 피하라

앞에서 이미 언급한 중요한 성품들을 간단히 정리하면서, 이제 그 외의 다른 성품들을 간단히 논의하겠습니다.

군주는 미움받거나 경멸당할 만한 일은 무엇이든 피해야 합니다. 이것을 피해야 군주의 의무를 다한 것이고, 어떤 다른 비난받을 잘못을 저질러도 위험에 빠지지 않습니다.

군주가 가장 미움의 대상이 될 때는 탐욕을 부려서 백

성의 재산과 부녀자를 강탈할 때입니다. 군주는 특히 이런 행동만은 피해야 합니다. 대부분의 사람들은 재산과 명예를 빼앗기지만 않으면 만족하고 행복하게 살기 마련입니다. 그러면 군주는 야심 있는 소수의 사람들만 잘 다루면 되는데, 그들은 다양한 방법으로 쉽게 제압할 수 있습니다.

군주가 경멸받는 경우는 변덕이 심하고 경박하며 여성적이고 우유부단하다고 여겨지는 경우입니다. 군주는 암초를 피하듯 경멸받는 것을 피해야 합니다. 군주는 위엄, 용맹함, 진지함, 강건함을 과시해야 하며, 백성들의 사적인 분쟁에 대해 자신이 내린 결정을 번복하는 일이 없어야 합니다. 이러한 평판을 유지해서 어느 누구도 자신에게 거짓말을 하거나 기만의 술책을 꾸밀 엄두도 내지 못하게 해야 합니다.

군대와 동맹국

군주가 자신에 대해서 그러한 이미지를 심는 데에 성공하면 그는 유능한 군주로 알려지며 드높은 명성을 누릴 것입니다. 백성은 그를 크게 존경해서 그를 향해 음모를 꾸미거나 공격하기를 두려워할 것입니다.

이러한 것을 이루어내려면 군주는 두 가지를 경계해야 하는데, 대내적으로는 백성에 관한 것이고, 대외적으로는 외세에 관련한 것입니다.

군주는 외세의 위협을 경계해야 하는데, 여기에는 훌륭한 군대와 믿을 만한 동맹국이 효과적입니다. 훌륭한 군대가 있다면 항상 믿을 만한 동맹국을 얻게 됩니다. 이것이 굳건하면, 이미 어떤 음모에 의해 혼란을 겪고 있지만 않다면 대내적으로도 별 문제없이 언제나 안정될 수 있습니다. 또한 비록 대외 정세가 불안정해도 제가 앞에서 이야기한대로 군주가 스스로를 잘 관리하고 정무를 처리하고 용기를 잃지 않는다면, 스파르타의 나비스[1]가 그랬듯이 어떠한 공격이라도 항상 이겨낼 수 있을 것입니다.

백성들의 호감은 음모에 대한 안전책이다

한편 군주는 대외적인 소란이 없어도 백성이 자신

---

1 123쪽 참고

몰래 음모를 꾸밀 수 있음을 명심하고, 음모로부터 자신의 지위를 확고히 보호할 수 있도록 경계해야만 합니다.

군주가 음모에 대비할 수 있는 최선의 대비책이 백성에게 미움받지 않는 것입니다. 왜냐하면 음모를 꾸미는 자들은 항상 군주의 암살이 백성을 만족시킬 수 있을 것이라고 믿기 때문입니다. 그러니 자신들의 소행이 백성의 노여움을 불러일으킬 것이라고 생각하면, 음모자들은 음모를 도모하는 것을 무척 주저할 것입니다. 음모에는 언제나 수많은 어려움과 위험이 따르기 때문입니다.

제 경험에 비추어 볼 때, 그동안 음모는 수없이 많았지만 성공한 경우는 많지 않았습니다. 음모자는 독자적으로 행동할 수 없으며, 불평분자들에게 동조를 구해야만 합니다. 그런데 불평분자에게 속마음을 털어놓는 것은 그에게 불만을 해소할 수 있는 기회와 수단을 제공하는 것입니다. 이제 그 불평분자는 음모를 폭로해서 (지배자로부터) 자신이 원하는 것을 얻을 수 있게 되기 때문입니다. 음모를 폭로하면 확실한 이득을 얻고 음모에 가담하면 수많은 위험과 손해가 따르는데, 그가 음모자인 당신의 비밀을 지킨다면, 그는 당신의 둘도 없는 동지이거나 군주의 철천지원수입니다.

요컨대 음모를 꾸미는 자에게는 발각에 대한 두려움, 배신을 당했을 때의 공포, 끔찍한 처벌에 대한 전망만 있는 것에 반해, 군주는 자신의 지위에 걸맞은 위엄과 자신의 뜻대로 할 수 있는 법률, 동맹국들의 지원, 자신을 지켜줄 국가가 있습니다. 이 모든 것에 백성의 선의가 더해지면 군주에게 경솔하게 음모를 꾸미는 것은 불가능합니다. 이처럼 일반적으로 음모자는 음모를 시행하기 전에 두려워해야 할 수많은 이유에 둘러싸이는데, 음모자가 가장 두려워해야 할 것은 자신이 범죄를 실행한 후에 백성이 자신에게 적대적일 수 있고 그들로부터 도망칠 수 있는 곳이 아무데도 없다는 사실입니다.

볼로냐의 벤티볼리오 가문

무수히 많은 사례를 들 수 있지만 저는 우리 선대에 발생한 사건 하나만으로도 충분하다고 생각합니다.

볼로냐의 안니발레 벤티볼리오Annibale Bentivoglio*는 외아들 조반니가 2살일 때 칸네스키Canneschi 가문의 음모로 암살당했습니다. 그런데 암살 직후 사람들이 즉각 들고 일어나서 칸네스키 가문을 몰살했습니다. 벤티볼리오 가문이 백성에게 정말 두터운 신망을 얻고 있었기 때문입니다. 볼로냐인들은 심지어 벤티볼리오 가문에서 영주가 될 만한 사람이 남아 있지 않자 '대장장이의 아들'로만 알려져 있던 벤티볼리오 가의 서자[2] 를 피렌체에서 데려다가, 조반니가 성장할 때까지 그에게 도시를 맡겼습니다.

이처럼 백성이 군주에게 호감을 품고 있는 동안에는 음모들에 대해서 걱정해야 할 이유가 없습니다. 하지만 백성이 그에게 적대적이고 그를 미움의 대상으로 삼는다면 군주는 모든 곳에서 모든 사람들을 두려워해야만 합니다.

2 산테 벤티볼리오. 에르콜레 벤티볼리오의 서자이자, 안니발레 1세의 사촌이다.

모두를 만족시킨 프랑스의 정치질서

질서가 잘 잡힌 국가와 현명한 군주는 모든 세심한 주의를 기울여 귀족이 분노하지 않고 백성도 만족할 수 있도록 관리해왔습니다. 이것이야말로 군주가 지녀야 할 가장 중요한 일 중의 하나이기 때문입니다.

프랑스는 가장 질서가 잘 잡혀 있고 통치가 잘 되고 있는 나라입니다. 프랑스에는 왕권의 자유 및 안전의 기초가 되는 제도들이 수없이 많이 있습니다. 가장 훌륭한 것은 엄청난 권위를 누리는 고등법원(parlanmento, parlement)입니다. 프랑스를 그렇게 개혁한 사람[3]은 귀족의 야심과 거만함을 익히 알았기 때문에 통제하려면 입에 재갈을 물릴 필요가 있다고 생각했습니다. 반면에 백성이 귀족을 두려워하고 미워한다는 점을 알고 있었기 때문에 그들을 보호하려고도 했습니다. 그러나 이때 왕이 이러한 역할에 관심이 있음이 드러나지 않게 했습니다. 백성에게 호의를 가졌다는 이유로 귀족에게 미움을 사거나, 귀족에게 호의를 가졌다는 이유로 백성에게 미

---

3 루이 9세. 1254년 파리고등법원을 독립기관으로 만들었다.

움받기를 원치 않았기 때문입니다.

그래서 그는 왕이 직접 그들의 적대적인 마음을 불러 일으키지 않아도 될 중립적인 제3의 기관을 내세워 귀족을 견제하고 백성을 보호했습니다. 군주제와 왕국을 강화하는 데에 이보다 더 신중한 조치나 적절한 제도는 없었습니다.

미움받는 일은 남에게 미루고, 자비로운 일은 직접 하라

이로부터 중요한 교훈을 한 가지 더 이끌어낼 수 있습니다. 군주는 비난받거나 미움받는 일들은 타인에게 미루고, 자비를 보일 수 있는 일은 자신이 직접 해야 한다는 것입니다. 다시 말해 군주는 귀족을 존중해 자기편으로 끌어안아야 하지만 그로 인해 백성의 미움을 받아서는 안 된다는 점을 강조하고 싶습니다.

로마 황제들의 사례

로마 황제들의 삶과 죽음을 검토해보면, 지금까지 제가 제시한 견해와 상반된 경우들이 있다는 반론이 적지 않을 것입니다. 왜냐하면 몇몇 황제들은 항상 삶에 있어서 감탄할 정도로 고귀하게 처신하고 정신의 위대한 역량을 보여주었지만, 결국 자신의 수하들인 군인들이나 대신들의 음모로 권력을 잃거나 살해되었기 때문입니다.

그러므로 저는 이러한 반론들에 대답하기 위해서 몇몇 황제들의 성품을 살펴보고, 그들이 실패한 이유가 제 주장과 모순되지 않다는 것을 증명하겠습니다. 또한 그 시대의 행적을 연구하는 사람에게 누구나 주목할 만한 가장 중요한 고려 사항이 어떤 것인지를 제시하겠습니다.

저는 마르쿠스 아우렐리우스 황제부터 막시미누스 황제까지[4] 간단하게 검토하겠습니다.

군인의 환심을 사야 했던 로마 황제들

가장 먼저 주목해야 할 사실은, 다른 군주국에서는 귀족의 야심과 백성의 무례함을 통제하는 것만으로 충분

4 마르쿠스, 콤모두스, 페르티낙스, 율리아누스, 세베루스, 안토니우스 카라칼라, 마크리누스, 엘라가발루스, 알렉산데르, 막시미누스.

했지만 로마 황제들은 다른 문제가 하나 더 있었다는 점입니다. 바로 군인들의 잔혹함과 탐욕을 통제하는 일이었습니다.

이는 매우 해결하기 힘든 문제로 많은 황제들이 이 문제 때문에 몰락했습니다. 군인과 백성을 동시에 만족시키기란 매우 어렵습니다. 백성은 평화로운 삶을 좋아해서 온건한 군주를 선호하는데, 군인은 군주가 호전적이고 오만하고 잔인하며 탐욕스럽기를 바라기 때문입니다. 군주가 백성을 거칠게 다뤄야 자신들의 보수가 올라가고, 탐욕스럽고 잔인한 자신들의 성품이 만족되기 때문입니다.

그 결과 자신의 천부적인 자질이나 경험을 통한 단련으로 군인과 백성을 동시에 통제할 위엄을 제대로 갖추지 못한 황제들은 항상 몰락했습니다. 그리고 대부분의 황제들, 특히 새로 제위에 오른 황제들은 이처럼 상반되는 욕구들을 동시에 만족시키기 어렵다는 것을 알게 될 경우, 군인을 만족시키고자 애썼을 뿐 백성이 당하는 박해와 피해에는 그다지 신경쓰지 않았습니다.

이러한 선택의 과정은 어쩔 수 없는 것이었습니다. 군

주는 어느 한 세력으로부터 미움받는 것을 피하기 어렵기 때문에, 그가 해야 할 첫 번째 일은 모든 세력들로부터 미움 받는 상황을 피하는 것입니다. 만약 이러한 상황을 만들지 못했다면, 어떤 수단을 사용해서라도 온 힘을 다해 가장 강력한 집단으로부터 미움 받는 일만은 피해야 합니다.

그런 이유로 특히 신생 군주이기 때문에 강력한 지지가 절실히 필요한 황제들은 백성보다 군인의 비위를 맞추기 위해 애썼습니다. 군인을 제압할 권위를 얼마나 유지할 수 있느냐에 따라 어떤 정책이 군주들에게 유익한 것이었는지 아닌지가 결정되었던 것입니다.

정의를 사랑하고 인자했던 황제들

마르쿠스, 페르티낙스, 알렉산데르는 모두 온후한 삶을 살며 정의를 사랑하고 잔혹함을 피했는데, 그렇게 인도적이고 인자했음에도 불구하고 두 명은 비극적인 최후를 맞았습니다. 마르쿠스Marcus Aurelius(재위 161~180)[5]가 명예롭게 살다가 죽을 수 있었던 이유는 그가 선대 황제로부터 지위를 확실히 넘겨받았기 때문입니다. 즉위할 때 군인이나 백성에게 신세를 지지 않은 데다가, 훌륭한 미덕을 많이 지녔기 때문에 대단히 존경 받았습니다. 그는 재위 기간 내내 군인과 백성을 잘 통치했고, 미움받거나 경멸당하는 일을 항상 피할 수 있었습니다.

반면 페르티낙스Publius Helvius Pertinax(재위 193)[6]는 콤모두스 치하에서 기분 내키는 대로 사는 데에 익숙해져 있던 군인들의 뜻에 반해서 황제가 되었습니다. 군인들은 페르티낙스가 자신들에게 부과한 새로운 규율과 절제를 견딜 수가 없어서 새 황제를 미워했고, 더욱이 고령으로 경멸까지 받았기 때문에 결국 제위에 오른지 얼마 되지 않아 피살되었습니다.

여기에서 주목할 점은, 군주의 악행은 물론 선행도 미움을 초래할 수 있다는 것입니다. 권력을 유지하고 국가

---

5 팍스 로마나(로마의 평화시대)의 마지막 황제. 국내외적으로 훌륭한 정치를 펼쳤다. 다만 포악한 아들 콤모두스에게 왕위를 세습하는 바람에 로마를 쇠락시켰다.

6 콤모두스가 암살당해서 원로원에 의해 황제로 추대되었는데, 황실근위대가 3개월도 안 돼서 암살하고 마르쿠스 디디우스 율리아누스를 추대했다.

를 다스리고자 하는 군주는 종종 선하지 않게 행동하도록 강요받습니다. 군주의 권력 유지를 도와주는 집단들(백성이든 군인이든 귀족이든)이 부패했다면 그들을 만족시키기 위해 군주는 그들이 좋아하는 방식을 따라야 하기 때문입니다. 이러한 상황에서 군주의 선행은 자신에게 해로울 뿐입니다.

알렉산데르Severus Alexander(재위 222~235)[7]는 무척이나 선량한 인물이었습니다. 단적인 예로, 그는 재위기간 14년 동안 재판 없이는 단 한 명도 처형하지 않았습니다. 그럼에도 불구하고 그는 나약하고 어머니의 통제를 받는 인물로 생각되었기 때문에 백성과 군인의 경멸을 받았고, 결국 군대가 모반을 일으켜 피살되었습니다.

---

7 나약해서 외할머니와 어머니가 권력을 휘둘렀다. 군인들이 무시했다.

잔인했으나 존경받았던 세베루스

반면 콤모두스, 세베루스, 안토니누스 카라칼라, 막시미누스는 모두 지극히 잔인하고 탐욕스러웠습니다. 그들은 군인을 만족시키려고 백성에게 갖은 피해를 입히는 데 망설이지 않았고, 그 결과 세베루스를 제외한 모두는 비참한 최후를 맞았습니다.

세베루스Septimius Severus(재위 193~211)[8]는 비록 백성을 탄압했지만 자신의 용맹함으로 군대와 우호 관계를 끝까지 유지하면서 성공적으로 통치했습니다. 세베루스는 뛰어난 역량으로 군인과 백성에게 존경받았습니다. 백성들은 그에게 경외감과 공포심을 가졌고, 군인들은 그를 존경하며 만족스럽게 여겼습니다.

신생 군주로서 세베루스의 행적은 매우 탁월했습니다. 그가 군주에게 반드시 필요한 여우와 사자의 기질을 얼마나 탁월하게 잘 사용했는지를 간략하게 살펴보겠습니다.

---

8 황실근위대가 페르티낙스를 살해하고 마르쿠스 디디우스 율리아누스를 추대하자, 세베루스는 자신의 군대에 의해 황제로 추대되고 페르티낙스의 복수를 선언하며 로마로 진군했다.

세베루스는 율리아누스 황제의 무능함을 익히 알고 있었기에, 슬라보니아에서 친위부대에게 살해당한 페르티낙스의 복수를 위해 로마로 행군하는 것이 옳다고 휘하 부대를 설득했습니다. 이를 핑계로 삼아 그는 황제가 되고 싶은 진심을 숨긴 채 군대를 이끌고 매우 빠른 속도로 진군했습니다. 슬라보니아를 떠났다는 소식이 알려지기도 전에 그는 이미 이탈리아에 이르렀습니다. 그가 로마에 도착했을 때, 공포에 휩싸인 원로원은 율리아누스를 처형하고 세베루스를 황제로 추대했습니다.

그 후 세베루스가 전 제국을 장악하기 위해서는 두 가지 난관을 극복해야 했습니다. 아시아 지역 군대의 지도자인 페스케니우스 니게르가 스스로를 황제로 선언한 일과, 서쪽의 알비누스도 황제의 자리를 넘보는 일이었습니다. 세베루스는 동시에 두 사람의 적이 되는 것은 위험하다고 판단해서, 우선 니게르를 공격하고 알비누스는 속이기로 마음먹었습니다.

세베루스는 알비누스에게 서한을 보내 '원로원이 추대해준 황제의 지위를 당신과 공유하기를 원한다'라고 말했습니다. 그러고 나서 알비누스에게 카이사르

Casar(副皇帝)의 칭호를 수여하고 원로원이 즉시 알비누스의 공동 황제 즉위를 결정해야 한다고 했습니다. 알비누스는 세베루스의 거짓말을 믿었습니다.

그러는 동안 세베루스는 니게르를 격파하여 처형함으로써 제국 동부 지역의 골칫거리를 없앴습니다. 그러자 세베루스는 로마로 돌아와 원로원에게 '알비누스가 그가 받은 은혜에 대해 전혀 감사해하지 않았으며 부당한 음모로 자신을 살해하려고 시도했다'라는 이유로 탄핵을 제기하고, 더 나아가 그의 배은망덕을 처벌하기 위해서 출병이 불가피하다고 주장했습니다. 결국 세베루스는 프랑스에 있는 알비누스를 공격해서 그의 지위와 생명을 박탈했습니다.

세베루스의 행위를 면밀히 검토해본 사람이라면 누구나 그가 매우 사나운 사자이면서 동시에 교활한 여우였음을 알아차립니다. 그는 모든 신민들에게 두려움의 대상인 동시에 존경의 대상이었고, 군대에게도 미움받지 않았습니다. 그가 신생 군주이면서도 그토록 거대한 제국을 지배할 수 있었다는 사실은 그리 놀라운 일이 아닙니다. 그의 엄청난 위세가, 신민들이 그가 저지른 탐욕스러운 행동들 때문에 그에게 품게 되었을지도 모르는 미움으로부터 그를 막아주었기 때문입니다.

측근을 모욕해서 암살당한 카라칼라

세베루스의 아들인 안토니우스Marcus Aurelius Severus Antoninus(재위 211~217. 일명 카라칼라Caracalla)는 타고난 군인으로서 어떤 역경이든 견딜 수 있었고 사치스러운 음식과 모든 부류의 나약함을 경멸했습니다. 이러한 능력과 성품 덕분에 그는 신민들에게 칭송받았고, 모든 군인들로부터 사랑받았습니다.

그런데 어느 날 안토니우스는 로마 주민 대다수와 알렉산드리아의 모든 사람들을 살해했습니다. 유례가 없을 정도로 포악하고 잔인한 이 행위들의 결과, 모두가 황제를 미워하기 시작했고 측근들조차 그를 두려워했습니다. 급기야 그는 자신의 군대 한가운데서 백인대장白人隊長에게 살해당했습니다.

이처럼 원한에 사무친 개인에 의해 저질러진 암살은 제아무리 군주라 해도 피할 수 없다는 점을 주목해야 합니다. 자신의 죽음을 두려워하지 않는 자라면 누구든 군주를 죽일 수 있기 때문입니다. 하지만 이는 매우 드물게 일어나는 일이기 때문에 군주가 크게 두려워할 필요는 없습니다.

다만 안토니우스의 경우에서 알 수 있듯이, 군주는 측근과 각료들에게 심각한 모욕을 주지 않도록 조심해야 합니다. 안토니우스는 악랄한 방법으로 그 백인대장의 형제를 살해했고 지속적으로 그를 위협했는데, 그러면서도 그에게 계속 경호 업무를 맡겼던 것입니다. 그것은 매우 경솔한 행동이었고, 자신의 파멸을 초래한 것이었습니다.

미움받고 경멸당한 콤모두스

콤모두스Commodus(재위 177~192)는 아버지 마르쿠스 황제로부터 권력을 물려받아서 권력 유지가 매우 수월했습니다. 그가 단지 아버지의 행적을 따르기만 했어도 신민들과 군인들은 만족했을 것입니다.

그러나 콤모두스는 천성적으로 잔인하고 흉포했기 때문에, 자신의 탐욕을 만족시키려고 백성을 수탈했고, 군인은 제멋대로 행동하도록 비위를 다 맞춰주며 기강을 무너뜨렸습니다.

더욱이 그는 황제로서의 위엄을 지키려는 노력도 하지 않았습니다. 그가 종종 직접 검투장에 내려가 검투사들과 대결하는 등 황제의 품위를 깎아내리는 행동을 일삼고 수많은 다른 비열한 행위들도 저질렀기 때문에, 군인들은 그를 경멸했습니다. 콤모두스는 백성에게는 미움을, 군인에게는 경멸을 받다가 결국 음모에 의해 살해된 것입니다.

조롱받은 막시미누스

막시미누스Maximinus(재위 235~238)[9]는 지극히 호전적인 성품이었습니다. 군인들은 알렉산데르의 유약한 행동을 매우 싫어했기 때문에 그를 살해한 후 막시미누스를 황제로 추대했습니다.

그러나 막시미누스는 두 가지 점 때문에 미움과 경멸의 대상이 되어 황제의 자리를 그리 오래 유지하지 못했

---

9 장교가 아닌 사병 출신의 최초 황제. 재위 기간 내내 라인 강 근처에 머물며 정복전쟁을 했으니, 자리를 비운 로마에서는 내란이 벌어졌다.

습니다. 그가 매우 미천한 신분 출신(트라키아 지방의 목동)이라서 권위를 인정받지 못했다는 점과, 그가 통치 초기에 로마로 가서 황제에 즉위하는 일을 지연시켰다는 점입니다. 그 공백기에 그의 지방장관들이 로마 제국 곳곳에서 수없이 많은 잔인한 악행을 저질렀고, 이러한 이유로 그는 즉위하기 전부터 잔혹하다는 평판을 얻었습니다.

그 결과 모두가 그의 미천한 태생을 문제삼으며 분노했고, 그의 잔인함에 대한 공포심은 증오심으로 커졌습니다. 먼저 아프리카에서 반란이 일어났고, 뒤이어 로마의 원로원과 백성들이 봉기했으며, 급기야 이탈리아 전역에서 그에게 저항하는 반란이 일어났습니다.

게다가 막시미누스의 군대마저 반란을 일으켰습니다. 그의 군대는 당시 아퀼레이아의 포위 공방전이 길어져서 지쳐 있었습니다. 그때 그들은 황제에게 반기를 든 사람들이 많다는 사실을 알고 큰 두려움 없이 황제를 살해해버렸습니다.

그 외에 율리아누스(재위 193), 마크리누스Macrinus(재위 217~218)[10], 엘라가발루스Elagabalus(재위 218~

222)[11]도 모두 철저하게 경멸받았고, 이로 인해 제위에 오른 뒤 얼마 지나지 않아 살해되었습니다.

군인의 중요성이 낮아진 이유

제 생각에 우리 시대의 군주들은 자신들의 통치를 수월하게 하기 위해서 폭력적이고 불법적인 수단과 같은 터무니없는 방법을 동원해 군인을 만족시켜야 할 필요가 훨씬 적어졌습니다. 물론 어느 정도까지는 군인을 배려해주어야 하지만, 그러한 문제는 신속히 해결할 수 있을 것입니다. 왜냐하면 오늘날의 군주들은 과거 로마 제국처럼 오랫동안 일정 지역에 주둔하며 그 지역을 통치하고 행정업무를 관장하는 군대를 운영하지 않기 때문입니다. 당시의 로마 제국에서는 군인의 영향력이 훨씬 더 컸기 때문에 백성보다는 군인을 만족시킬 필요가 있

10 원로원 출신이 아닌 최초의 황제. 시리아 군대가 엘라가발루스에게 충성을 맹세하자 이탈리아로 도망쳤으나, 안티오크 근처에서 잡혀서 처형되었다.

11 카라칼라의 5촌 조카라서 군인들이 추대했는데, 나중에 상속자로 입양한 알렉산데르의 계승권을 파기하려다가 근위대가 폭동을 일으켜서 죽었다.

었습니다.

오늘날은 투르크와 이집트의 술탄 왕국을 제외한 모든 군주는 군인보다는 백성을 만족시킬 필요가 있습니다. 이제 군인보다 백성의 영향력이 더 강력해졌기 때문입니다. 투르크가 예외인 이유는 항상 주변에 1만2천의 보병과 1만 5천의 기병이 왕국의 안전과 권력을 유지하고 있기 때문입니다. 그러므로 술탄은 다른 그 어떤 세력보다도 군대를 우호적으로 유지하고 그들에게 더 많은 관심을 가져야 합니다. 이와 마찬가지로 이집트의 술탄 왕국도 전적으로 군인이 완벽하게 장악하고 있기 때문에 이곳 역시 백성과는 상관없이 군인을 우호 세력으로 유지해야만 합니다.

예외적인 술탄의 지배 체제

게다가 술탄의 국가는 많은 점에서 일반적인 다른 군주국들과 확연히 다르다는 것에 주목해야 합니다. 술탄의 국가는 교황 제도와 유사하여 세습 군주국이라고도 신생 군주국이라고도 부를 수 없습니다. 왜냐하면 군주가 되는 이들은 세습 받은 전임 군주의 아들이 아니라,

선거권을 가진 자들에 의해서 선출된 자들이기 때문입니다. 또한 오래전부터 이 제도를 시행해와서 신생 군주국이 직면하는 어려움을 겪지 않기 때문에, 그 나라를 신생 군주국으로 볼 수가 없습니다. 비록 군주가 새로운 인물이어도 국가의 제도가 오래되었기 때문에 선출된 군주를 마치 세습군주인 것처럼 받아들입니다.

새로운 시대에는 새로운 모범

이제 우리의 본론으로 되돌아가려 합니다. 이야기를 종합해보면, 앞에서 검토한 황제들을 몰락시킨 원인이 한결같이 미움과 경멸임을 알 수 있습니다. 또한 다음의 사실도 알 수 있습니다. 즉, 인자한 성품인 자들 중에서도, 포악한 성품인 자들 중에서도, 단 한 명씩만 성공적인 결말을 맞았을 뿐 나머지들은 전부 비참한 최후를 맞았다는 점입니다.

신생 군주였던 페르티낙스와 알렉산데르는, 세습 군주인 마르쿠스를 모방했기 때문에 역효과를 내서 자신들이 위험에 빠졌던 것입니다. 마찬가지로 카라칼라, 콤모두스, 막시미누스는 세베루스를 모방하려 했지만 그들에게는 세베루스가 이루어낸 업적을 따라할 만한 능력이 없었기 때문에 비참한 결과를 맞았습니다.

따라서 신생 군주국의 새 군주는 마르쿠스만을, 세베루스만을 모방해서는 안 됩니다. 자신의 국가를 세우고 권력을 장악하기 위한 조치가 필요할 때는 세베루스를 모방하고, 일단 권력을 장악해서 안정적인 국가를 보존해야 할 때는 마르쿠스를 모방하는 것이 적절하고 영광스러운 결과를 만들어낼 것입니다.

* 볼로냐 공작, 벤티볼리오

1401년 조반니 벤티볼리오 1세Giovanni Bentivoglio I가 처음으로 영주임을 선언하지만, 1443년 추방되었던 안톤 갈레아초의 아들 안니발레 벤티볼리오 1세 Annibale Bentivoglio I(1413~ 1445)가 돌아와 영주가 되었을 때에야 비로소 벤티볼리오 가문이 볼로냐의 군주로서 자리잡았다.

그런데 안니발레 1세는 아들 조반니 2세가 두 살되는 해에 칸네톨리 가문과 가까운 칸네스키에게 죽임을 당했다. 볼로냐인들은 벤티볼리오가를 깊이 신뢰해서, 칸네스키를 즉각 처단하고 피렌체에서 산테(1424~1463. 안니발레 1세의 음모로 죽은 에르콜레 벤티볼리오의 서자)를 데려와 통치권을 맡겨서, 조반니가 장성한 후에 볼로냐 통치권을 넘겨주었다.

그런데 조반니 2세Giovanni Bentivoglio II(재위 1462~ 1506)는 수많은 음모의 표적이 되어 시달리며 자란 탓인지 의심이 많아져서 전제정치를 했다. 그러자 볼로냐 시민들은 율리우스 2세가 침략해왔을 때 교황을 환영했다.

조반니의 아들 안니발레 2세(1466~1540)는 1511년 볼로냐에 가문의 권력을 재건하려고 시도하다가 이듬해 페라라로 추방당했고 그곳에서 죽었다.

제 20 장

요새 구축 등 일상적으로 군주들이 하는 많은 정책들은 유용한가, 유해한가

군주가 채택하는 다양한 정책들

국가를 보다 안정적으로 유지하기 위해서 어떤 군주는 신하들의 무장을 해제시키고, 어떤 군주는 정복한 도시들을 나눠줍니다. 자신들에게 적개심을 품도록 부추기는 군주도 있고, 통치 초기에는 믿지 못했던 자들의 지지를 받는 군주도 있습니다. 요새를 구축하는 군주도 있으며 요새를 파괴하는 군주도 있습니다.

각 조치들이 취해진 국가들의 구체적 상황들을 검토하지 않은 채 이 조치들을 평가할 수는 없겠습니다만, 저는 중심 주제에서 벗어나지 않는 한도 내에서 가급적 일반적인 관점으로 이 주제를 논의해보겠습니다.

신생 군주는 무장을 해제시키면 안 된다

우선 신생 군주들이 부하들의 무장을 해제시킨 경우는 한 번도 없습니다. 오히려 신하들이 무장을 갖추지 않은 경우, 무기를 내주며 늘 무장하도록 시켰습니다. 그 이유는 군주가 신하들을 무장시키면 신하들의 무력은 군주의 것이 되기 때문입니다. 믿을 수 없었던 신하들은 충성스러워지고, 본래 충직했던 자들은 계속 충성을 바칠 것이며, 그들은 군주의 신하이기보다 열성 지지자로 변모할 것입니다.

모든 신하들을 무장시키는 것이 가능하지 않을 때는, 무장시킨 자들에게 혜택을 베풀면 나머지 신하들은 편하게 다룰 수 있습니다. 이러한 차별대우에 대해 무장한 자들은 군주에게 더욱 충성할 것이고, 비무장인 자들은 위험한 임무를 수행하는 자들이 그 대가를 받는 것을 당연하다고 인정하여 군주의 조치를 용납하기 때문입니다.

이때 군주가 신하들의 무장을 해제시키면 그들을 공격하는 셈이 됩니다. 왜냐하면 그러한 행동은 군주가 유약하거나 비겁하거나 의심이 많아서 그들을 믿지 않고 있음을 드러내는 것이 되고, 이러한 이유로 군주는 신하들로부터 미움받게 되는 것입니다.

그러면 군주는 군사력 없이 권력을 유지할 수 없기 때문에 용병을 고용해야만 할 것입니다. 그러나 아무리 훌륭한 용병도 강력한 적군이나 의심스러운 백성들로부터 군주를 지켜줄 만큼 강하지는 않습니다. 그래서 신생 군주국의 새 군주는 언제나 자신의 군대를 무장시켰으며 역사적으로 그러한 사례들은 무수히 많습니다.

병합된 지역에서는 무장을 해제시켜야 한다

그러나 군주가 기존의 국가에 새로운 국가를 병합했을 때는, 군주는 병합하는 과정에서 그를 도운 열성 지지자들을 제외하고는 모두 무장을 해제시켜야 합니다. 그리고 기회를 보아 적절한 시기가 오면 병합을 도왔던 자들도 약화시켜야 합니다. 그래서 군주가 지배하는 전체 국가의 군사력은 군주 주변에서 군주에게 봉사해온 자국군에게 집중되도록 관리해야만 합니다.

분열책은 평화시에만 유용하고 전시에는 무용지물

피렌체 현인들은 피스토이아는 파벌로 다스리고, 피사[1]는 요새로 통치해야 한다고 했습니다. 그래서 그들은 속국의 신하들 사이에 불화를 조장해서 더 쉽게 통치했습니다. 이러한 정책은 이탈리아가 어느 정도 세력의 균형을 이루고 있어 평화가 유지되었던 시대[2]에는 효과적이었습니다.

그러나 오늘날에는 그러한 생각이 더 이상 어떤 법칙으로 자리잡을 수 없습니다. 그러한 분열책은 결코 어느 누구에게도 도움이 되지 않습니다. 오히려 파벌로 나뉜 도시들은 적군이 침략해오면 쉽게 무너집니다. 세력이

---

1 피렌체 주변국. 1406년 피렌체에 점령되었다가 독립했고, 1509년 재점령되었다.

2 1454년 로디 평화조약으로부터 1494년 샤를 8세가 이탈리아로 내려올 때까지.

약한 파벌은 언제나 침략자와 동맹을 맺으려는 데에 반해 그 외의 파벌들은 이를 저지할 만큼 강력한 힘이 없기 때문입니다.

베네치아는 자신의 지배 아래에 있는 도시들에 겔프와 기벨린[3]이라는 두 파벌이 생겨나도록 조성했습니다. 유혈 사태는 용납하지 않았지만, 그들 사이에 교묘하게 불화를 조장함으로써 파벌 싸움에 몰두한 시민들이 자신들에게 단합해서 저항하지 못하도록 했습니다. 이 정책은 베네치아에게 이익으로 돌아오지 않았습니다. 베네치아의 바일라 전투[4] 패배를 목격하자마자 일부 파벌들은 즉각적으로 대담하게 반란을 일으켰고, 베네치아의 내륙 영토를 모두 점령해버렸던 것입니다.

그러므로 강력한 군주국은 그러한 분열을 결코 용납하지 않습니다. 분열책은 군주의 나약함을 보여주는 것일 뿐입니다. 분열책은 신하들을 쉽게 통제할 수 있는

---

3 102쪽 참고

4 1509년 바일라 전투(아냐델로 전투) 패배 이후 브레샤, 베로나, 빈첸차, 파도바가 베네치아에 대해서 반란을 일으켰다.

평화로운 시기에만 유용하며, 정작 전쟁이 일어나면 그 정책의 결함이 명확하게 드러납니다.

시련은 위대한 군주를 만든다

시련과 장애물들을 극복할 때 군주가 더욱 위대해진다는 것은 의문의 여지가 없는 일입니다. 이러한 이유로 운명(fortuna)은 세습 군주보다 더욱 더 명성을 얻어야 할 필요가 있는 신생 군주의 권력을 증대시키기 위해, 적의 세력을 키우고 신생 군주가 그 적과 싸우도록 음모를 꾸밉니다. 신생 군주는 적을 제압하고 적들이 그에게 놓아준 사다리를 타고 더욱 높은 곳으로 올라갑니다.

따라서 현명한 군주는 적대 세력의 형성을 부추길 기회가 있으면 무엇이든 교묘하게 활용합니다. 그래야 그 세력들을 진압했을 때 명성이 더욱 높아지고, 권력은 더욱 강해질 것이라고 생각하는 사람들이 많이 있습니다.

예전 적으로부터의 충성

군주, 특히 신생 군주는 종종 통치 초기에 자신이 믿지 않았던 사람들이 그가 처음부터 신뢰했던 사람들보다 더 충성스럽고 더 유용하다는 점을 깨닫습니다. 시에나의 군주 판돌포 페트루치Pandolf Petrucci(재위 1487~1512)[5]는 가장 의심했던 사람들의 도움으로 나라를 잘 다스렸습니다.

그러나 인간 사회의 상황은 변화무쌍하기 때문에 이러한 것을 일반화하기는 어렵습니다. 다만, 집권 초기에 군주에게 적대적이었지만 자신들의 힘만으로는 지위를 유지하기 어려워 누군가에게 의지해야 하는 자들은, 군주 편으로 끌어들이기가 매우 수월하다는 것입니다.

그들은 군주가 자신들에게 가진 부정적 인식을 만회하기 위해서 군주에게 한층 더 충직하게 복종할 필요가 있음을 잘 알고 있습니다. 따라서 군주는, 안정적으로 지위를 확고히 하고 있다고 여겨서 군주의 일에 무심한 경향이 있는 측근들보다 그러한 사람들로부터 더 많은 도움을 이끌어낼 수 있다는 것을 항상 발견하게 될 것입니다.

---

5 1503년 장인 니콜로 보르게지Niccolo Borghesi를 암살해서 잠시 루카로 피신했다가 돌아왔다. 1505년 마키아벨리가 시에나에 사절로 가서 면담하고 '유능하고 공명정대한 정치가'라고 평가했다.

옛 정권에 만족한 자들이 새 정권에도 만족한다

또한 누구에게나 상기시켜야 할 중요한 문제를 하나 꼭 짚고 넘어가겠습니다. 현지 주민의 도움으로 갓 권력을 잡은 신생 군주라면, 그들이 어떤 이유로 자신이 권력을 장악할 수 있도록 도왔는지 잘 생각해보아야 한다는 것입니다.

그 이유가 군주에 대한 자연스러운 호의 때문이 아니라 단지 이전의 국가에 불만 때문이었다면 그들을 우호관계로 유지하기가 매우 힘듭니다. 그들은 신생 군주에게도 만족하지 않기 때문입니다.

이전 국가에 불만을 품었기 때문에 신생 군주에게 호의를 느끼고 그가 권력을 장악하는 데 도움을 준 사람들을 자기편으로 계속 유지하는 일보다, 이전 국가에 만족했기 때문에 신생 군주에게 적대적이었던 사람들을 우호 세력으로 만드는 일이 더 쉽습니다.

요새를 부수는 이유

군주들은 국가를 더 안전하게 유지하기 위해서 흔히 요새를 구축했습니다. 요새는 군주에 반해 반란을 꾸미는 자들을 구속하는 용도로 사용할 수 있고, 갑작스러운 공격을 받을 때 안전한 피난처의 역할도 할 수 있도록 고안되었습니다. 요새 구축은 오래전부터 이어져 온 것으로 아주 좋은 수단임을 인정하지 않을 수 없습니다.

그럼에도 불구하고 우리 시대의 니콜로 비텔리 Niccolo Vitelli[6]는 자신의 국가를 계속 지배하기 위해서 치타디카스텔로citta di castello의 요새 두 개를 허물어버렸습니다. 또 우르비노Urbino의 공작 귀도 우발도 Guido Ubaldo[7]는 체사레 보르자에게 빼앗겼던 영지를 되찾았을 때, 그 지역의 모든 요새를 완전히 파괴해버렸습니다. 요새를 모두 파괴해 그것들이 없다면 나라를 다시 빼앗기지 않을 것이라고 판단했기 때문입니다. 벤티볼리오 가문도 볼로냐에서 권력을 되찾았을 때 비슷한 결정을 내렸습니다.

---

6 교황 식스투스 4세에 의해 치타디카스텔로에서 쫓겨났으나 피렌체의 도움으로 다시 복귀했으며, 교황이 세운 두 개의 요새를 파괴해버렸다.

7 체사레 보르자에 의해 우르비노에서 쫓겨났다가, 이듬해 복귀했다.

그러므로 요새는 상황에 따라 이롭기도 하고 해롭기도 한 것입니다. 요새는 어떤 면에서는 군주에게 이롭고, 어떤 면에서는 해롭습니다.

군주에게 가장 훌륭한 요새는 백성이다

이 주제는 다음과 같이 정리할 수 있습니다. 군주가 외부 세력보다도 백성이 더 두렵다면, 요새를 구축해야 합니다. 반대로 백성보다 외세가 더 두렵다면 요새를 구축해서는 안 됩니다. 프란체스코 스포르차가 세운 밀라노의 성벽은 그 나라에서 발생한 어떤 다른 혼란보다도 스포르차 가문에게 더 많은 분쟁을 겪게 했고 앞으로도 그럴 것입니다.

따라서 군주에게 가장 훌륭한 요새는 백성들에게 미움받지 않는 것입니다. 군주에게 요새가 있더라도 백성이 그를 미워하면, 요새는 군주를 구하지 못할 것입니다. 왜냐하면 백성들이 한번 무기를 들고 봉기하면 그들을 지원할 외세는 반드시 나타날 것이기 때문입니다.

요새는 남편인 지롤라모 백작이 암살된 후의 포를리 백작부인[8]을 제외하고는 어떤 군주에게도 이익이 되지 않았습니다. 백성이 포를리 백작부인에게 대항해 봉기하자 백작부인은 성안으로 들어가 백성의 공격을 피할 수 있었습니다. 백작부인은 그곳에서 밀라노 원군을 기다릴 수 있었고, 다시 지위를 되찾을 수 있었습니다.

당시는 어떠한 외세도 백성을 도울 수 없는 상황이었습니다. 그러나 훗날 체사레 보르자가 진격해오고 적개심으로 가득 찬 백성들이 침략군에 합세하자, 요새는 그녀에게 아무런 쓸모도 없었습니다. 그러므로 두 경우 모두에서 볼 수 있듯이 단순히 요새에 의존하는 것보다도 백성에게 미움받지 않는 것이 그녀에게는 보다 더 안전한 역할을 했을 것입니다.

이 모든 것을 염두에 둘 때, 저는 요새를 구축하는 군주든 그렇지 않은 군주든 모두에게 찬사를 보내야 한다고 생각합니다. 그러나 너무 요새만을 믿고 백성들로부

---

8 카테리나 스포르차Caterina Sforza Riario. 1448년 남편인 지롤라모 리아리오가 백성들에게 미움을 받고 죽임을 당하자, 밀라노의 원군이 올 때까지 라발디노 요새에 피신했다. 하지만 1499년 체사레 보르자의 공격으로 요새가 무너진 후, 로마에 감금되어 있다가 피렌체로 돌아갔다. 그해에 마키아벨리가 포를리에 사절로 방문해서 만난 적이 있었다.

터 미움을 사는 것을 전혀 개의치 않아 하는 군주는 비난받아 마땅합니다.

제 21 장

군주는 존경받기 위해서 무엇을 해야 하는가

위대한 업적으로 명성을 얻은 군주 페르난도

대규모의 군사 작전을 훌륭히 수행하고, 유례없는 비범한 행동을 보여주는 등 모범이 될 만한 업적을 세우는 것보다 군주에게 높은 명성을 가져다주는 것은 없습니다. 에스파냐 아라곤의 왕 페르난도[1]가 좋은 예입니다.

그는 별 볼일 없는 약소국의 군주로 출발하여 그리스도교 세계에서 가장 유명하고 영광스러운 왕이 되었기 때문에, 신생 군주라 불러도 무방할 것입니다. 그가 이룬 모든 업적이 매우 위대하고, 그중 몇몇 업적은 타의 추종을 불허할 정도입니다. 그는 통치 초기에 그라나다[2]를 공격했고 이 전쟁을 통해서 국가의 토대를 탄탄하게 만들었습니다.

그는 무엇보다도 국가의 내정이 평온하고 반대를 무릅쓰지 않아도 될 때 이 전쟁을 시작했습니다. 카스티야의 제후들이 전쟁에만 온 신경을 쏟게끔 했고, 그 결과 그들이 국내에서 반란을 모의할 수 없도록 했습니다. 그동안 그는 명성을 쌓아갔고, 제후들이 알아차리지 못하는 사이에 그들에 대한 지배를 확고히 했습니다. 그는 교회와 백성에게 걷어들인 돈으로 군대를 유지했고, 그 길고 긴 전쟁을 통해서 자신에게 드높은 영광을 안겨주는 강력한 군대를 양성했습니다.

더 나아가 그는 보다 더 큰 전쟁을 수행하기 위해서 언제나 종교를 이용했으며, 잔혹하지만 경건한 정책을

---

1 카스티야 왕국 이사벨라 여왕과 결혼해서 국력을 키웠다(1469). 레콩키스타를 완성했고(1492), 마라노를 추방했다(1501). 나폴리 왕이었고(1502~1504) 오랑(알제리. 1509~1511), 트리폴리(리비아), 튀니스를 정복했다. 신성동맹에 가입해서 나바라를 정복했다(1512). 19쪽 참고.

2 스페인 남부에 있던 무어인 지배의 이슬람 왕국

명분으로 내세워 마라노marano[3]를 색출하여 쫓아냈습니다. 이보다 더 감탄할 만하면서도 전례를 찾아볼 수 없는 경우는 없을 것입니다. 그는 이와 똑같은 명분을 내세워 아프리카를 공략했고, 이탈리아를 침략했으며, 마침내 최근에는 프랑스마저 공격했습니다.

이러한 방법으로 그는 항상 위대한 일들을 계획했고 성취해나갔습니다. 이로 인해서 그의 백성들은 항상 상황에 주목하면서 긴장감과 경이감에 사로잡혔고 언제나 그 결과에 매료되었습니다. 그리고 그의 이러한 행동은 끊임없이 계속되었기 때문에 어느 누구도 차분히 그에 대한 음모를 꾸밀 수 있는 시간적 여유조차 가질 수 없었습니다.

비범한 행동을 통한 평판

또한 밀라노의 베르나보 비스콘티Bernabo Bisconti

3 가톨릭 국가 에스파냐의 박해 때문에 기독교화한 유대인과 무어인. 돼지고기를 안 먹어서 마라노(돼지)라고 불렸는데, 점차 배신자, 불결한 자의 의미로 변했다.

공작[4]이 그랬던 것처럼, 군주가 자신의 왕국 내에서도 비범한 재능을 보이는 것은 무척 큰 도움이 됩니다. 그는 누군가가 정치적으로나 사회적으로 어떤 특별한 일을 했을 경우, 그 일이 좋은 일이든 나쁜 일이든 그 사람을 꼭 찾아내어 화제가 될 만한 방법으로 상벌을 주었습니다. 무엇보다도 군주는 먼저 자신의 모든 행동을 통해 비범한 능력을 소유한 위대한 인물이라는 명성을 얻을 수 있는 노력을 해야 합니다.

중립은 적을 만든다

군주는 자신이 진정한 동맹인지 공공연한 적인지를 명확히 밝힐 때, 즉 그가 주저하지 않고 다른 군주에 반대하여 한 군주를 지지하면 대단히 존경받습니다. 이 정책은 중립을 지키는 것보다 항상 더 낫습니다.

인접한 두 강국이 전쟁을 할 경우, 어느 한 쪽이 이기면 그 승자는 군주에게 위협이 될 수도 있고 아닐 수도

---

4 밀라노를 통치하다가 조카인 지안 갈레아초에게 무참히 추방당했다. 철저한 상벌제로 공명정대하다고도, 잔혹한 형벌제로 잔인하다고도 평가받았다.

있는데, 어느 경우든 군주가 자신의 입장을 명확히 밝히고 당당하게 전쟁에 개입하는 것이 더 현명한 정책입니다. 왜냐하면 만약 서로 싸우는 군주들이 자신의 입장을 명확히 밝히지 않은 군주에게 위협적인 존재라면, 그 군주는 승자의 기쁨과 만족을 위해서 파멸당할 것이기 때문입니다.

또한 명분이 없기 때문에 무방비 상태가 되고 우방이 없는 상황에 처하게 되어 자신을 도우러 달려올 세력도 전혀 없을 것입니다. 왜냐하면 승자는 자기가 곤경에 빠졌을 때 도움을 주지 않아 신뢰하기 어려운 자를 동맹으로 삼기를 원하지 않기 때문입니다. 또한 패자는 그 군주가 자신에게 군사적으로 도움을 줌으로써 공동의 위험을 기꺼이 감수하지 않았기 때문에 어떠한 호의도 베풀지 않을 것입니다.

아이톨리아의 요청으로 로마를 몰아내려고 안티오코스가 그리스에 침입한 적이 있었습니다. 안티오코스는 로마에 우호적이던 아카이아에 사절을 보내 중립을 지켜줄 것을 제의했습니다. 그와 달리 로마는 아카이아에 자신들의 편에 서서 무기를 들어줄 것을 요청했습니다.

안티오코스의 사절이 아카이아의 중립을 요구하는 연설을 했을 때 아카이아는 토론을 벌였는데, 로마의 사절은 이 문제에 대해 다음과 같이 말했습니다.

"그들이 당신들에게 했던 제안, 즉 전쟁에 개입하지 않는 것이 좋겠다는 그 제안은 철저히 당신들의 이익에 반하는 것이 될 것이다. 전쟁에 참여하지 않는다면 당신들은 어떤 감사나 명예도 얻지 못한 채 일고의 가치도 없이 승자의 제물이 되고 말 것이다."

확실한 동맹이 친선을 획득한다

당신의 우호 세력이 아닌 군주는 당신에게 중립을 요구하겠지만, 당신의 우호세력은 당신이 무기를 들고 함께 싸워줄 것을 요구합니다. 우유부단한 군주는 당장의 위험을 피하기 위해 언제나 중립으로 남고 싶어 하지만 이는 그들이 파멸하는 원인이 됩니다.

만약 당신이 강력하게 지원한 군주가 승리하면, 비록 그가 강력한 세력을 갖추게 되어 당신은 그의 처분만 기다리게 되겠지만 어쨌든 그가 당신에게 신세졌기 때문에 둘 사이에 우호 관계가 이루어집니다. 그러한 상황에서 배은망덕하게 당신을 공격할 만큼 파렴치한 인간은 없습니다. 게다가 정의롭게 행동하지 않아도 무방할 정도로 '승자가 제멋대로 행동해도 괜찮을' 완벽한 승리는 없습니다.

반대로 당신이 도운 군주가 패했더라도 그는 당신을 보호하려고 할 것이며, 감사를 표할 것이고, 힘이 남아 있는 한 당신을 도우려고 할 것입니다. 그리하여 다시 재기할 수 있는 운명을 함께 개척해갈 동맹이 되는 것입니다.

약한 군주와의 동맹도 중립보다 낫다

서로 전쟁 중인 군주들 중 어느 쪽이 이겨도 당신에게 위협이 되지 않을 것 같은 경우에도 여전히 그 전쟁에 개입하는 것이 현명한 판단입니다. 왜냐하면 한 군주의 도움을 받아 다른 군주를 몰락시키는 것이기 때문입니다. 만약 그 한 군주가 현명하다면 다른 군주를 그대로 살려둘 것입니다.

당신이 힘을 합쳐 전쟁에서 승리함으로써 당신의 도움 없이는 이길 수 없었으므로 당신의 도움을 받은 군주는 당신의 처분에 따르게 될 것입니다.

강력한 세력과는 자발적으로 동맹을 맺지 말라

군주는 피치 못할 상황이 아닌 한, 다른 국가를 공격하기 위해 자신보다 강력한 군주와 동맹을 맺어서는 안 된다는 점을 명심해야 합니다. 만약 강력한 군주와 당신이 함께 승리를 거두면 당신은 그의 수중에 들어가기 때문입니다. 그래서 군주란 모름지기 모든 노력을 다해 다른 군주의 처분에 자신을 맡기게 되는 일만큼은 피해야 합니다.

베네치아는 밀라노를 공격하려고 스스로 프랑스와 동맹을 맺었습니다. 그들은 이 동맹을 안 맺을 수도 있었는데, 결국 그로 인해 몰락하게 되었습니다. 그러나 교황과 에스파냐 왕이 롬바르디아를 공격해왔을 때[5] 피렌체가 처해 있던 상황처럼 동맹을 피할 수 없는 상황이라면 통치자는 앞서 말한 이유로 동맹을 맺어야만 합니다.

---

5 1512년 율리우스 2세와 페르난도 2세가 롬바르디아를 공격했다.

어떤 국가도 언제나 완벽하게 안전한 정책을 따를 수 있다고 믿어서는 안 됩니다. 오히려 그 안전해 보이는 정책을 모호하고 미심쩍을 수 있는 것으로 바라보아야 합니다. 세상 일이란 하나의 위험을 피하려고 하면 곧 다른 위험에 직면하게 되기 때문입니다. 어떤 한 가지 어려움을 겪지 않고서는 다른 어려움을 피할 수 없는 것입니다. 따라서 자신의 지혜로 위험을 판별해내고 올바른 대안으로 피해를 최소화할 수 있는 어려움을 선택해야 합니다.

산업과 상업의 장려

또한 군주는 능력 있는 자를 아끼고 후원하며, 어떤 기술 분야에서든지 뛰어난 자를 자신이 우대한다는 것을 널리 과시해야 합니다. 더 나아가 백성들과 신하들이 안심하고 생업에 종사할 수 있도록 해줘야 합니다. 그들이 가진 것을 빼앗길까 두려워서 재산 늘리기를 주저하거나, 부과될 세금이 두려워 상업에 종사하는 것을 꺼리지 않도록 해야 합니다. 오히려 군주는 어떤 방법으로든 도시와 국가를 부강하게 하는 자들에게 보상을 해주어야만 합니다.

이러한 것들 외에도 일 년 중 적절한 시기에 축제나 볼거리를 만들어 백성들이 즐길 수 있도록 해줘야 합니다. 또한 모든 도시는 길드나 씨족 단위로 나뉘어져 있으니 이 집단들에 적절한 호의를 베풀어 그들을 존중해야 하며, 때때로 그들과 친히 만나 자신의 친절함과 너그러움을 보여주어야 합니다. 그러나 이런 경우에도 군주는 자신의 군주다운 위엄을 결코 훼손해서는 안 되기 때문에 위엄을 지키기 위해 항상 신경쓰고 조심해야 합니다.

제 22 장

군주의 측근 각료들

군주의 지혜는 측근을 보면 알 수 있다

측근을 선택하는 일은 군주에게 매우 중요한 일입니다. 군주의 측근들이 훌륭한 재능을 갖추었는지 아닌지는 군주의 지혜에 달려 있습니다. 한 국가의 통치자인 군주가 어느 정도의 지혜를 갖추었는지를 가늠하려면 먼저 그 주변인들을 살펴보면 됩니다.

측근들이 유능하고 충성스럽다면 사람들은 군주도 현명하다고 생각합니다. 군주에게 그들의 능력을 파악하고 그들의 충성심을 유지할 수 있는 능력이 있다고 보기 때문입니다. 반대로 측근들이 뛰어날 것이 없고 불충하다면 사람들은 군주를 낮게 평가합니다. 그 군주가 저지른 가장 큰 실수가 바로 그들을 선임한 것이기 때문입니다.

시에나의 군주인 판돌포 페트루치의 측근인 베나프로의 메저 안토니오[1]를 아는 사람이라면 누구나 판돌포가 안토니오를 측근으로 거느리고 있다는 사실만으로 군주를 매우 유능한 인물이라고 평가할 것입니다.

인간의 두뇌는 그 능력에 따라 세 가지 부류로 나누어 볼 수 있습니다. 세상의 이치를 스스로 터득하는 자, 타인이 이해한 것을 듣고 깨우치는 자, 그리고 스스로 이해하지도 못하고 남의 이야기를 듣고서도 전혀 그 이치를 이해하지 못하는 자입니다. 첫 번째 부류가 가장 우수하고, 세 번째 부류는 쓸모가 없습니다.

군주인 판돌포의 능력은, 첫 번째 부류에 속하지 못한다고 하더라도 분명 두 번째 부류에는 속한다 할 수 있

1 안토니오 조르다니Antonio Giordani(1459~1530), 이세리나 근교 베나프로에서 태어났다. 판사와 교수였고 판돌포 페트루치 군주의 총리가 되었다.

습니다. 군주가 비록 창의성을 가지고 있지 못할지라도 다른 사람의 말과 행동에서 옳고 그름을 판단할 능력을 가지고 있다면, 그는 측근의 선행과 악행을 가려낼 수 있고 현명한 행동에는 상을 내리고 그렇지 못한 행동에는 처벌을 내릴 수 있기 때문입니다. 그리고 측근은 자신이 모시는 군주를 속일 수 없다는 점을 알기 때문에 자신의 정직함을 유지하고자 노력할 것입니다.

충성스런 측근을 판단하는 방법과 신뢰 유지법

군주가 측근의 사람됨을 평가할 수 있는 아주 확실한 방법이 한 가지 있습니다. 만약 군주의 일보다 자신의 일에 더 마음을 쓰고 모든 행동이 자신의 이익을 추구하기 위함이라면, 그는 결코 좋은 측근이 될 수 없고 군주는 그를 절대 신뢰할 수 없을 것입니다.

국정을 돌보는 사람이라면 절대로 자신과 자신의 일을 우선시해서는 안 되며 항상 군주에 대해서만 생각해야 합니다. 자신이 모시는 군주와 관련이 없는 일에는 절대로 관심을 가져서는 안 됩니다.

반면에 군주는 측근의 충성심을 확보하고 유지하기

위해서 그를 우대하고 부유하게 만들며, 그를 가까이 두고 친숙하게 대함으로써 명예와 책임을 나누는 등 그를 잘 보살펴야 합니다. 왜냐하면 그 측근이 자신은 오직 군주에게 의존해야 한다고 깨닫게 해야 하기 때문입니다. 그렇게 하면 그 측근은 군주 없이는 자신이 존재할 수 없다고 생각하고, 자신에게는 이미 얻은 많은 재산과 명예가 있기 때문에 더 많은 것을 탐내지 않게 되며, 자신이 맡은 많은 임무들로 인해 변화를 두려워하게 되는 것입니다.

그러므로 군주와 측근이 이러한 관계를 잘 유지한다면 그들은 서로 계속 신뢰할 수 있습니다. 반대로 만약 그런 관계를 유지할 수 없을 경우에는 두 사람 모두 불행한 결과를 맞을 것입니다.

제 23 장

아첨꾼을 피하는 방법

사람들은 신중한 군주에게 진실을 말한다

이제 저는 군주가 쉽사리 피해갈 수 없는 중요한 주제와 실수에 대해 논하려고 합니다. 이 실수는 군주가 매우 현명하지 못하거나, 인물을 고르는 데에 훌륭한 판단력을 갖추지 못했을 때 일어나기 쉽습니다. 바로 조정을 가득 채우고 있는 아첨꾼들에 대한 문제입니다.

인간이란 자기 자신과 관련된 문제와 활동에 대해서 쉽게 만족하고 스스로를 속이기 때문에 자기기만에 쉽게 빠집니다. 이때 아첨이라는 질병으로부터 자신을 보호하기란 지극히 어렵습니다. 더욱이 군주는 아첨으로부터 자신을 보호하려고 하면 경멸당하는 상황에 빠지기도 합니다. 그러므로 군주가 아첨에 빠져들지 않는 유일한 방법은, 자신이 진실을 듣더라도 결코 화내지 않는다는 것을 사람들이 알게 하는 것입니다.

하지만 개별적으로 누구든지 군주에게 솔직하게 진실을 말한다면 군주에 대한 존경심은 순식간에 사라집니다. 그러므로 현명한 군주는 제3의 방법을 따라야 하는데, 자신이 통치하는 국가에서 사려 깊은 사람들을 선별하여 오직 그들에게만 진실을 솔직하고 자유롭게 말할 권리를 주는 것입니다. 그들은 오직 군주가 요구할 때에만 이야기해야 하고, 요구하지 않은 경우에는 말하지 않아야 합니다.

그러나 군주는 모든 일에 대해서 그들에게 묻고, 주의 깊게 그들의 말에 귀 기울여야 하며, 그 후에 자신의 방식으로 심사숙고하여 스스로 결정을 내려야 합니다. 더불어 군주는 조언자들의 충고가 솔직하면 할수록 더욱 그들의 말이 잘 받아들여진다고 믿을 수 있도록 행동해야 합니다.

군주는 자신이 선택한 사람을 제외한 다른 사람들로부터는 이야기를 들어서는 안 되고, 한번 정한 목표는 철저하게 추구해야 하며, 자신이 내린 결정에 대해서 확신을 보여야 합니다. 이렇게 행동하지 않는 군주는 아첨꾼의 희생양이 되거나 자신에게 주어진 여러 조언들 때문에 결정을 자주 바꾸게 될 것입니다. 이러한 처신의 결과는 스스로 자신을 존경받지 못하는 군주로 만듭니다.

혼자 생각하고 결정하는 막시밀리안 1세

신성로마제국 황제 막시밀리안 1세Maximilian I (1459~1519)[1]의 조언자인 루카 신부[2]는 황제가 어느 누구의 의견을 듣고자 한 적이 없고 어느 누구와도 상의하지 않지만 그렇다고 자신이 원하는 대로 행한 적도 결코 없다고 말했습니다. 이런 일은 황제가 제가 앞서 논의한

1 합스부르크 왕가를 유럽 최강의 지배세력으로 키웠다.

2 루카 레이날디Luca Rainaldi. 트리에스테 주교이자 대사이자 막시밀리안 1세의 참모였다. 마키아벨리는 1507~1508년 티롤 지방에 있는 막시밀리안 황제의 궁으로 파견되었을 때 루카 신부를 만났다.

것과는 반대로 행동한 데서 비롯된 것입니다.

막시밀리안 황제는 어느 누구에게도 자신의 계획들을 알려주지 않았으며 타인의 조언을 구하지도 않았습니다. 그래서 황제가 계획들을 수행해가면 조정 사람들은 그 계획들을 서서히 알게 되고, 그제야 황제에게 다르게 행동하라는 등 비판하기 시작했습니다. 이렇게 되면 성품이 단호하지 못한 황제는 설득당해서 자신의 계획을 철회했습니다. 이런 이유로 황제가 명령한 것이 이튿날 취소되는 일이 잦았습니다. 결국 황제가 원하는 것과 그 의도를 아무도 모르니까 어느 누구도 그의 결정을 신뢰할 수 없는 것입니다.

원할 때만 조언을 들어라

그러므로 군주는 항상 조언을 구해야 하지만 남이 원할 때가 아닌 자신이 원할 때 들어야 합니다. 요청하지도 않았는데 조언하려는 사람이 있다면 군주는 그 이야기를 절대 받아들여서는 안 됩니다. 하지만 끊임없이 조언을 구하고 자신이 제안한 사안에 대한 솔직한 조언들에 대해서는 참을성 있게 귀 기울이는 자세가 필요합니다. 더 나아가 누군가 자신에게 진실을 이야기하지 않는다는 것을 알게 되면 반드시 노여움을 표시해야 합니다.

훌륭한 군주가 훌륭한 조언을 끌어낸다

흔히들 '현명하다는 평판을 듣는 군주는 그 자신이 현명하기 때문이 아니라 주변 조언자들이 훌륭한 성품을 가지고 있기 때문'이라고 말하지만, 이는 분명히 잘못된 말입니다. 왜냐하면 현명하지 못한 군주가 훌륭한 조언을 받아들일 수 없다는 것은 불을 보듯 자명하기 때문입니다. 예외가 있다면 군주가 우연히 어느 한 인물에게 전적으로 의존하는데, 그 인물이 군주를 대신해 일을 잘 처리하고 매우 신중한 사람일 때입니다. 그러나 그 경우 군주는 훌륭하고 적절한 조언을 들을 수는 있겠지만 그 조언자가 머지않아 군주에게서 국가를 빼앗을 수 있기 때문에, 군주의 권력은 오래 지속되지 못하고 둘의 관계도 오래 지속되기 어렵습니다.

현명하지 못한 군주가 여러 사람들로부터 조언을 들으면 군주는 항상 서로 다른 조언들을 듣게 될 뿐만 아니라, 다양한 의견들이 일치되도록 조정할 수도 없습니다다. 왜냐하면 조언자들은 항상 자신들의 이익을 우선시하기 때문입니다. 군주는 그들의 생각을 바로잡는 방법도 모를 것이며 이해시킬 수도 없을 것입니다.

그리고 인간이란 어떤 필요에 의해서 자신이 선한 행동을 해야만 하는 상황이 아니라면 언제나 악행을 저지르기 때문에, 군주는 자신의 이익을 따지지 않는 조언자를 구할 수 없습니다. 따라서 어느 누가 하든 관계없이 훌륭한 조언이란 군주의 현명함에서 비롯되는 것이지, 훌륭한 조언에 의해 군주의 현명함이 비롯될 수는 없다고 할 수 있습니다.

제 24 장

이탈리아 군주들이 그들의 나라를 잃어버린 이유

신생 군주가 누리는 이점

지금까지 논의한 것들을 성실하게 실천한다면 신생 군주는 매우 확고하게 지위를 확립할 수 있고, 오랫동안 권좌에 있었던 군주는 단시일 내에 그 권력을 더욱 견고하게 정립할 수 있습니다.

신생 군주의 활동은 세습 군주의 활동보다 훨씬 더 많이 주목받습니다. 만약 그의 활동이 역량 있는 사람의 행동이라 여겨지면 사람들은 세습 군주에게보다 더 깊은 감명을 받고 더 큰 애착을 느낄 것입니다.

인간이란 과거의 일보다 현재의 일에 훨씬 더 관심이 많아서, 만약 현재 자신들의 일이 잘 풀려가고 있다고 느끼면 그냥 현재에 만족하고 다른 변화를 추구하지 않습니다. 신생 군주가 다른 문제에서 과오를 범하지 않는 한 사람들은 그를 지키기 위해 가능한 모든 노력을 기울일 것입니다.

그러므로 신생 군주는 이중의 영광을 누릴 것입니다. 새로운 군주국을 창건했고, 훌륭한 법과 강력한 군대, 그리고 믿을 만한 동맹과 모범적인 행동을 통해서 그 나라를 잘 정비하고 부강하게 만들었기 때문입니다. 반면 국가를 물려받았지만 현명함이 부족하여 나라를 잃게 된 세습 군주는 이중의 수모를 겪을 것입니다.

국가를 잃은 군주들의 공통적 결함

나폴리 왕[1]이나 밀라노 공작[2]처럼 근래에 국가를 잃은 이탈리아의 군주들을 살펴보면, 우선 그들이 모두 군

1 아라곤의 왕 프레데리코 1세. 루이 12세와 페르난도 2세에게 패했다.

2 루도비코 스포르차(일 모로)를 말한다. 루이 12세에게 패했다.

사 문제에서 공통적으로 취약했음을 발견합니다. 이 밖에는 백성이 군주에게 적대적이었거나 귀족이 군주에게 적대적이어서 군주가 그들을 통제할 수 없었던 경우도 발견할 수 있습니다. 만약 이러한 결함이 없었다면 전장에서 군대를 유지할 수 있는 충분한 힘과 재력있는 군주는 국가를 잃지 않았을 것입니다.

마케도니아의 필리포스 왕[3]은 자신을 공격한 로마와 그리스에 비해 그 권력과 영토가 보잘 것 없었습니다. 그럼에도 불구하고 그는 훌륭한 군인이었고, 백성의 인정을 받았고, 귀족을 확실히 다뤄서 자신의 안전을 지키는 방법을 알고 있었기에 수년에 걸친 오랜 전쟁을 수행할 수 있었습니다. 필리포스 왕은 결국 자신이 다스리던 몇몇 도시들을 잃기는 했지만 자신의 왕국을 지켜냈습니다.

3 티투스 퀸투스에게 패한 필리포스 5세. 알렉산드로스의 부친은 필리포스 2세

군주는 자신의 역량에 의존해야 한다

그러므로 오랫동안 자신들이 다스리던 국가를 잃게 된 우리 시대의 군주들은 자신의 운명을 탓할 것이 아니라 자신의 무능함을 탓해야 합니다. 왜냐하면 그들은 평화로운 시절에 사태가 변할 것임을 전혀 대비하지 않았기 때문입니다. 이것은 날씨가 좋을 때 폭풍이 올 수도 있음을 생각하지 않는 인간의 공통된 약점입니다. 그러다가 결국 상황이 바뀌어 역경에 처하면 그들은 스스로 자신들을 방어할 생각은 않고 오직 도망갈 궁리만 했습니다. 그리고 그들은 정복자의 오만방자한 횡포에 분노한 백성들이 자신들을 다시 군주의 자리로 불러줄 것이라고 기대했습니다.

이러한 방식은 다른 모든 수단이 가능하지 않을 때에는 시도할 수도 있겠지만, 다른 대안들을 등한시한 채 이것에만 의존하는 것은 옳지 않습니다. 누군가 자신을 일으켜 세워줄 것을 기대하고 넘어져서는 안 됩니다. 그러한 일이 일어나든 일어나지 않든 이러한 책략은 당신의 안전을 책임져주지 않습니다. 또한 누군가가 일으켜 세워준다 하더라도 안전해졌다고 할 수 없습니다.

그러한 도움은 당신의 능력 이외의 것에 의존하는 것이기 때문에 아무 소용도 없고 비겁한 것입니다. 스스로의 힘으로 일어서지 않는다면 그러한 도움은 자신을 취약하게 만들 뿐입니다. 자신의 역량을 통해 스스로의 힘에 기초한 방어책만이 효과적이고 확실하며 오래 지속됩니다.

제 25 장

얼마나 많은 인간사들이 운명에 의해 좌지우지되는가, 그리고 어떻게 운명에 대처할 수 있는가

운명의 반은 인간이 좌우한다

본래 세상사란 운명과 신에 의해 다스려져서 인간의 지혜로는 통제할 수 없다고들 합니다. 게다가 사람들은 그런 상황에서 인간은 어떠한 해결책도 제대로 내놓을 수 없다고 생각하기 때문에, 운명이나 신과 관련한 문제는 땀흘려 노력해봤자 소용없고 그저 운명이 지배하도록 맡기는 것이 좋다고 판단합니다.

지금까지 일어났고 매일 일어나고 있는, 인간의 예측을 뛰어넘는 크나큰 변화들 때문에 이러한 견해는 우리 시대의 사람들에게 더욱 더 설득력을 얻어가고 있습니다. 이러한 문제에 대해서 가끔씩 생각해볼 때 저 또한 그들의 의견에 어느 정도까지는 공감하게 됩니다.

그러나 우리 인간의 자유 의지가 사라지지 않는 한 운명은 우리의 행동에 대해서 절반만 관장할 뿐이며, 나머지 절반은 우리 인간들이 결정할 수 있다고 믿는 것이 진실이라고 생각합니다.

운명의 범람은 통제할 수 있다

저는 운명의 여신을 격렬하게 넘실대는 험난한 강에 비유합니다. 이 강이 노하면 그 거친 물결이 넘쳐 평야를 뒤덮고, 나무나 집과 같은 건물을 파괴해버리며, 땅을 휩쓸어 이곳에 있던 땅을 저쪽으로 옮겨버리기도 합니다. 모든 것은 그 험난한 물결 앞에서 도망가버리고, 그 난폭함에 굴복해 어떤 방법으로도 맞서지 못합니다.

그러나 강물의 특성이 그러해도, 사람들은 평온한 시기에 제방과 둑을 쌓아 예방 조치를 취할 수 있습니다.

이로써 훗날 강물이 불어 넘쳐도 수로를 따라 물줄기를 흐르게 해서 제방을 넘어오지 못하게 하거나, 물이 제방을 넘어 통제할 수 없어져도 피해가 덜 가도록 할 수는 있습니다.

운명도 이와 마찬가지입니다. 운명은 자신에게 맞서 싸우기 위해 아무런 준비가 되지 않은 곳에서 그 위력을 드러내며, 운명을 막기 위한 제방이나 둑이 마련되지 않은 곳에 집중해서 덮칩니다.

격변의 근원이자 변화가 진행 중인 이탈리아를 살펴보면 이곳이 바로 제방이나 둑이 없는 들판임을 알 수 있습니다. 만약 이탈리아가 독일, 에스파냐, 프랑스처럼 적절한 수단(무력, 군대)으로 제방과 같은 방어벽을 쌓았더라면, 홍수(외국 군대의 침략)로 인해 그렇게 커다란 변화를 겪지 않았거나 홍수 자체가 일어나지도 않았을 것입니다. 일반적인 차원에서 운명에 대처하는 일에 대해서는 이 정도의 논의로 충분할 것입니다.

시대의 흐름을 외면하면 몰락한다

그러나 이 문제를 좀 더 구체적으로 살펴보면, 어느

한 군주의 성품이나 능력이 전혀 변하지 않았는데도 국가가 오늘은 줄곧 번성하다가 내일은 몰락해버리는 모습을 목격할 수 있습니다. 저는 이러한 일은 무엇보다도 앞에서 충분히 논의했던 원인들에 의해서 발생한다고 생각합니다. 즉, 전적으로 운명에 의존했던 군주는 그 운명이 변하면 몰락해버린다는 것입니다.

또한 시대의 흐름에 발맞춰 자신의 행동을 바꿀 수 있는 사람은 성공하고 반대로 자신의 행동을 시대에 맞추어 조화롭게 이끌지 못한 사람은 실패합니다. 인간은 자신이 추구하고자 하는 목표(영광과 부)에 접근하는 방식이 상이합니다. 신중하게 접근하는 사람이 있는 반면 공격적으로 접근하는 사람이 있고, 힘으로 난폭하게 얻으려는 사람이 있는 반면 교묘하게 얻는 사람도 있으며, 참을성 있게 기다리는 사람과 그 반대로 성급하게 행동하는 사람도 있습니다. 각각의 개인들은 다양한 행동방식으로 자신의 목표를 이룰 수 있습니다.

신중한 두 사람 중에서도 한 사람은 목표를 달성하지만 다른 사람은 실패하기도 합니다. 또한 다른 성향을 가져서 한 사람은 신중하게, 다른 한 사람은 성급하게 행동했지만 두 사람 모두 성공하기도 합니다. 이렇게 상이한 모든 결과들은 그들이 자신이 처해 있는 시대의 흐름에 맞게 행동했는가에 따라 달라진 것입니다.

요컨대, 전혀 다르게 행동하는 두 사람이 똑같은 결과를 얻을 수 있습니다. 똑같은 방식으로 행동하는 두 사람이 한 사람은 성공하고 다른 한 사람은 실패할 수도 있습니다. 이로 인해서 인간사에서 흥망성쇠가 거듭되는 것입니다. 누군가 신중하고 참을성 있게 행동했는데 시대와 상황이 그가 행동했던 방법에 적합한 방향으로 변화하면 그는 성공합니다. 하지만 시대와 상황이 다시 변했는데 그가 자신의 행동 방식을 변화시키지 않으면 실패합니다.

그러나 이런 변화에 맞추어 유연하게 대응하는 방법을 다 알 만큼 지혜로운 사람은 많지 않습니다. 우리의 타고난 천성과 기질이 그러한 변화를 받아들이지 못하거나, 항상 일정한 방법으로 성공을 거두었기 때문에 자신의 방법을 변화시키지 않는 것이 낫다고 생각하기 때문입니다. 그래서 신중한 사람이 신속하게 행동해야 하는 상황에 처하면, 그는 어떻게 해야 할지 몰라서 실패합니다. 그러나 만약 그가 시대의 상황에 맞게 자신의 행동을 변화시킬 수 있다면 그의 운명은 변하지 않을 것입니다.

시대와 상황에 맞게 행동했던 교황 율리우스 2세

교황 율리우스 2세는 모든 일을 항상 과감하게 처리했는데, 그러한 일처리 방식이 시대와 상황에 매우 적절하게 잘 맞았기 때문에 늘 성공적인 결과를 얻었습니다. 조반니 벤티볼리오가 살아 있었을 당시, 그가 볼로냐를 상대로 펼쳤던 첫 원정을 살펴보겠습니다.

베네치아는 교황의 계획에 반대했고 에스파냐의 페르난도 2세도 마찬가지였으며, 프랑스 루이 12세와도 아직 논의하는 중이었습니다. 그럼에도 불구하고 교황은 특유의 기개와 과감성으로 친히 그 원정을 밀어붙였습니다. 그의 진격은 에스파냐 왕과 베네치아 왕을 당황하게 했고, 그들은 아무런 대책을 마련하지 못한 채 수동적인 태도를 취할 수밖에 없었습니다. 베네치아는 두려움 때문에, 에스파냐는 나폴리 왕국 전체를 재탈환하고 싶은 욕망 때문에 그렇게 했던 것입니다.

한편 교황 율리우스의 진격은 프랑스 왕을 즉시 참전시켰습니다. 프랑스 왕은 베네치아 공략을 위해 교황과의 동맹을 원했기 때문에, 교황이 이미 진격했음을 알면서도 군대를 파견하지 않으면 교황의 감정을 거스르는 일이 될 것이라고 판단한 것입니다.

율리우스는 이와 같은 신속한 진격으로 다른 어떤 교황도 이루지 못했던 업적을 성취해냈습니다. 만약 그가 다른 교황들처럼 모든 조건을 합의하고 계획이 완벽해진 후에 비로소 로마에서 출발하고자 했다면 결코 성공하지 못했을 것입니다. 프랑스 왕은 군대 파견을 거절할 수천 가지의 변명거리를 만들어냈을 것이고, 다른 나라들은 교황이 두려움을 느끼고 신중하게 처신해야만 하는 수많은 이유를 제기했을 것이기 때문입니다.

교황의 다른 업적들에 대해서 여기에서 자세히 논하지는 않겠습니다. 다만 그의 모든 행동들은 비슷했고 모두 다 성공적이었습니다. 그런데 재위 기간이 10여 년에 불과해서 실패가 없었을 뿐, 만약 신중한 행동이 요구되는 상황이 왔더라면 그도 몰락했을 수 있습니다. 그는 결코 자신의 타고난 성품과 달리 행동하지 않았을 것이기 때문입니다.

운명에는 대담하게 맞서야 한다

이처럼 운명은 끊임없이 변하는데 비해 인간은 자신의 방식으로만 행동하려는듯 유연성을 결여하고 있기 때문에, 운명과 인간의 방법이 조화를 이루면 성공할 것이지만 그렇지 못하면 실패하게 될 것입니다.

그런데 저는 신중한 행동보다는 과감한 행동이 더 낫다고 확신합니다. 왜냐하면 운명은 여성이기 때문에, 만약 당신이 그 여성을 손아귀에 넣고 싶다면 그녀를 거칠게 다루는 것이 필요하기 때문입니다. 그리고 그녀는 냉정하고 계산적인 태도로 접근하는 사람보다는 과감하게 행동하는 사람에게 더욱 매력을 느낍니다. 말하자면 운명은 언제나 젊은 청년들에게 이끌리는데, 왜냐하면 청년들은 그다지 신중하지도 않고 보다 공격적이며 그녀를 더욱 대담하게 다루기 때문입니다.

제 26 장

야만족의 지배로부터 이탈리아를 취하고 해방시킬 것에 대한 간곡한 호소

신생 군주가 출현하기에 적절한 이탈리아

지금까지 논의해온 모든 것을 신중하게 고려하면서 저는 현재 이탈리아가 처한 상황이 새로운 군주에게 영광을 가져다줄 정도로 무르익었는지에 대해 곰곰이 생각해봅니다. 그리고 신중하고 역량 있는 신생 군주에게는 영광을, 모든 이탈리아의 백성에게는 행복을 가져다줄 수 있는 새로운 정부를 구성할 기회가 될 만한 요소가 있는지도 곰곰이 생각해봅니다. 제가 판단하기에 많은 요소들이 서로 결합한 결과 환경적으로 새로운 군주에게 상서로운 기회를 제공하는 것으로 보이며, 과거에 지금보다 더 적절한 시기는 결코 없었다고 생각합니다.

모세의 뛰어난 역량을 보여주기 위해서는 이스라엘 민족이 이집트에 예속되어야 했고, 키루스의 위대한 정신이 드러나기 위해서는 페르시아가 메디아에게 억압받아야 했고, 테세우스가 탁월한 능력을 발휘하기 위해서는 아테네인들은 뿔뿔이 흩어져 있어야 했습니다.

이와 마찬가지로 한 이탈리아인의 출중한 역량이 드러나기 위해서는 지금처럼 절망적인 상황 속에 갇혀 있을 필요가 있었습니다. 이탈리아인들은 이스라엘인들보다 더 예속되어 있고, 페르시아인들보다 더 억압받고 있으며, 아테네인들보다 더 뿔뿔이 흩어져 있습니다. 지도자, 질서, 안정 따위 없이 짓밟히고, 약탈당하고, 갈기갈기 찢기고, 유린당하는 등 완전히 황폐한 상황에 있습니다.

누가 지도자가 될 것인가

최근에 한 줄기 빛이 한 인물[1]을 통해서 뻗어 나왔는

데, 사람들은 그가 이탈리아의 속죄와 구원을 위해서 신이 선택한 것이 아닌가 하고 생각하기도 했습니다. 그러나 그는 오래 지나지 않아 생의 정점에서 운명에 의해 배척당해 좌절하고 말았습니다.

그로 인해 거의 활기를 잃은 이탈리아는 국가의 상처를 치유하고, 롬바르디아에서 자행되는 약탈과 나폴리 왕국 및 토스카나 왕국에서 일어나는 착취에 종지부를 찍고, 오랜 고통을 치유해줄 누군가를 애타게 기다리고 있습니다.

지금 이탈리아는 신에게 외세의 잔혹하고 오만한 지배로부터 자신들을 구원해줄 누군가를 보내달라고 신께 간절히 기도하고 있습니다. 깃발을 들고 앞서줄 누군가가 나타나기만 한다면 이탈리아는 기꺼이 그 뒤를 따라나설 만반의 준비가 되어 있습니다.

신이 선택한 메디치 가문

지금 이탈리아가 희망을 걸 수 있는 대상은 오직 영

---

1 체사레 보르자

광스러운 전하의 가문[2]뿐입니다. 전하의 가문은 행운과 역량을 갖추었고, 신과 전하의 가문이 우두머리로 있는 교회[3]의 가호를 받고 있어서, 나라를 구할 선봉장이 되실 수 있습니다.

만약 전하께서 앞에서 언급한 위인들[4]의 행적과 삶을 명심하신다면 그 일이 그렇게 어렵지만은 않다는 것을 알게 될 것입니다. 비록 그들은 예외적으로 뛰어난 인물들이기는 했으나, 그들 역시 인간이었고, 지금처럼 유리한 기회를 갖지는 못했습니다. 왜냐하면 그들의 과업이 전하께 주어진 지금의 과업보다 더 정의롭거나, 더 용이하거나, 더 신의 가호를 받은 것이 아니기 때문입니다. 이것이야말로 진실로 정의로운 과업입니다.

"불가피하게 수행하는 전쟁만이 정의로운 전쟁이며, 무력을 통해 이루는 것 외에는 아무런 희망이 없을 때의 무력은 신성한 것입니다."

지금이야말로 놓칠 수 없는 좋은 기회이며, 지금 이

---

2 메디치 가문

3 교황 레오 10세 (위대한 로렌초의 차남)

4 모세, 테세우스, 로물루스, 키루스

시기에 전하의 가문이 제가 앞서 말씀드린 위인들의 모범을 따르기만 한다면 큰 위험이란 있을 수 없습니다.

게다가 이러한 것들 외에도 신께서 전하에게 보내는 영험한 전조들이 나타나고 있습니다. 즉, 바다가 갈라지고, 구름이 전하가 나아가야 할 길을 이끌며, 바위에서 물이 솟아나고, 하늘에서 만나manna가 떨어지는 등 모든 것이 전하께서 성취할 영광을 위해 모여들고 있습니다.

그러나 나머지 것들, 전하 몫의 역할은 전하께서 이루셔야 합니다. 신께서는 우리 몫의 자유 의지와 영광을 빼앗지 않기 위해서 모든 것을 다 이루어주지는 않기 때문입니다.

지금은 유능한 지도자가 필요한 때

앞에서 언급한 이탈리아 사람들이 영광스러운 전하의 가문이 성취할 것으로 예상되는 업적을 성취하지 못했다거나, 이탈리아에서 일어난 모든 격변이나 전쟁에서 이탈리아인들은 군사적 능력이 없는 것처럼 보였던 것은 그리 놀라운 일이 아닙니다. 이러한 결과가 발생했던 이유는 이탈리아의 오래된 제도들이 부실한데다가 어느 누구도 새로운 제도를 만들 수 있는 방법을 알지 못했기 때문이었습니다.

신생 군주가 스스로의 힘으로 새로운 법과 제도를 만들어내는 것만큼 명예로운 일도 없습니다. 이렇게 새로 구축한 제도들이 견고하게 마련되고 위엄을 갖추는 데에 기여하면 그 신생 군주는 존경과 경탄의 대상이 됩니다. 그리고 지금 이탈리아에는 어떤 형태로든 만들 수 있는 좋은 요소들이 풍부합니다.

이탈리아에는 탁월한 역량을 가진 개개인은 많은데 지도자들은 이러한 역량을 가지고 있지 못합니다. 소규모 결투에서 이탈리아인들의 힘과 기술, 재주가 얼마나 뛰어난지를 보십시오. 그런데도 군대라는 형태로 싸우면 적군의 상대가 되지 못하니, 다 지도자들이 나약해서입니다.

유능한 사람들은 쉽게 복종하지 않으며, 지금까지 어느 누구도 재능과 행운으로 타인을 이끌 수 있는 지도자로 자신을 부각시키는 데 성공한 사람이 없었습니다. 그 결과 지난 20년간 벌어진 모든 전쟁에서 이탈리아 병사들만으로 구성된 군대는 항상 부진을 면치 못했습니다. 타로[5], 알렉산드리아[6], 카푸아[7], 제노바[8], 바일라[9], 볼로냐[10] 등지의 전투들이 모두 이 판단의 근거들입니다.

자국의 군대만이 나라를 구한다

그러므로 만약 영광스러운 전하의 가문이 나라를 구한 위대한 인물들의 업적을 본받고자 한다면 가장 먼저 전하 자신의 사람들로 모든 군사 행동의 탄탄한 기반이 될 자국 군대를 조직해야 합니다. 왜냐하면 그보다 더 믿음직하고, 더 충성스럽고, 더 훌륭한 군대는 없기 때문입니다.

각 병사들은 개별적으로도 용감하겠지만, 자신들이

---

5 1495년 타로 강변의 포르노보 전투. 만토바 후작 프란체스코 곤자가Francesco Gonzaga가 지휘한 이탈리아 군대가 샤를 8세의 프랑스 군대를 이겼다.

6 1499년 프랑스 군대가 정복

7 1501년 프랑스 군대가 약탈

8 1507년 프랑스 군대에 항복

9 1511년 프랑스 군대의 진격으로 신성동맹 와해

10 1511년 프랑스 군대가 점령

모시는 군주가 직접 지휘하고 군주로부터 존중과 우대를 받으면 한데 뭉쳐 훨씬 더 훌륭한 전투력을 발휘할 것입니다. 그러므로 전하 자신의 사람들로 구성된 군대를 준비하여 이탈리아인의 용맹만으로 외세로부터 우리 스스로를 지킬 수 있어야 합니다.

새롭고 우월한 전술

스위스와 에스파냐의 보병부대가 매우 위협적인 전력을 지녔다는 평판을 듣지만 둘 다 약점이 있으므로, 제3의 보병부대를 이용하면 그들과 대적할 수 있을 뿐만 아니라 격파할 수도 있다고 저는 확신합니다. 에스파냐 보병부대는 기병대에게 약하고, 스위스 보병부대는 자신들처럼 용맹한 보병에게는 두려움을 품고 있기 때문입니다.

우리가 익히 알고 있는 것처럼 에스파냐 보병부대는 프랑스 기병에게 꼼짝 못하고, 스위스 보병부대는 자신들만큼이나 용맹한 에스파냐 보병부대에게 굴복하고 말았고 앞으로도 그럴 것입니다. 물론 스위스 보병부대의 경우 경험에 의한 결정적인 증거는 없지만, 라벤나 전투에서 그들은 그러한 징후를 보였습니다. 에스파냐 보병부대는 스위스 군과 똑같은 전투대형을 갖춘 독일 군대와 싸웠는데, 그들은 손에 쥔 작은 방패를 기민하게 움직이면서 독일 병사의 긴 창 밑을 뚫고 들어가 치명적인 타격을 입혔습니다. 독일 군대는 에스파냐 보병부대를 격퇴할 수 없었으며 만약 기병들이 도와주지 않았다면 독일 군대는 모두 몰살당했을 것입니다.

그러므로 우선 에스파냐와 스위스 두 부대의 약점을 알았다면 기병대를 격퇴하고 보병부대를 두려워하지 않는 새로운 형태의 보병부대를 조직할 수 있을 것입니다. 그리고 이는 무기를 적절히 쇄신하는 등 새로운 군대를 육성할 수 있고, 전투대형을 바꿈으로써 성취할 수 있을 것입니다. 이와 같은 조치들은 다른 어떤 것보다 새로운 제도로서 신생 군주에게 명성과 위대함을 가져다 줄 것입니다.

이탈리아 통일을 위한 마지막 권고

그토록 오랜 시간 동안 고대해온, 이탈리아를 해방시켜줄 사람이 나타난 이러한 기회를 결코 놓칠 수 없습니다. 이탈리아 모든 지역에서 이방인들의 범람으로 고통받던 사람들이 군주에게 얼마나 큰 사랑을 보낼 것인지는 이루 말로 형언할 수 없습니다. 복수를 향한 강한 열망으로, 강건한 믿음과 충성심을 가지고, 엄청난 열정으로, 많은 눈물로 구세주를 맞이할 것입니다.

어느 누가 그의 앞에서 문을 닫고 있겠습니까? 어떤 백성이 그에게 복종하기를 거부하겠습니까? 무슨 시기심으로 그를 막아서겠습니까? 어느 이탈리아 사람이 그를 따르기를 거부하겠습니까?

야만족의 폭정으로 인한 악취가 우리 모두의 코를 찌릅니다. 그러므로 이제 영광스러운 전하의 가문이 이러한 정당한 임무를 수행하는 데에 따르는 용기와 희망을 가지고 이 사명을 떠맡아야만 합니다. 그리하여 전하의 깃발 아래에서 우리 조국은 숭고해질 것이며, 전하의 지도 아래 페트라르카Francesco Petrarca(1304~1374)[11]의 시가 실현될 수 있을 것입니다.

광포한 공격에 대항하여 분노보다는 용맹으로
무기를 들 것이다.
그리하여 전투는 짧을 것이니
이탈리아 사람들의 가슴 속에
조상들의 용맹이 아직 살아 있으므로…….

---

11 르네상스기 최초의 서정시인(연애시인). 이탈리아에 대한 애국시도 많이 썼다. 《Italia mia》라는 시의 일부분이다.

| **작품 해설** |

파렴치한 범죄자는 승리하지 못한 실패자인가
16세기의 금서, 21세기의 필독서
마키아벨리의《군주론》

"군주는, 특히 새롭게 군주의 자리에 오른 자는 나라를 통치할 때 미덕을 지키는 것이 얼마나 어려운지를 알아야 합니다. 나라를 통치할 때는 때로는 배신도 해야 하고, 때로는 잔인해야 합니다. 인간성을 포기해야 할 때도 있고, 신앙심을 저버려야 할 때도 있습니다. 그러므로 군주는 자신이 처한 운명과 환경이 달라지면 그에 맞는 임기응변이 필요합니다. 할 수 있다면 착해지십시오. 그러나 필요할 때는 주저 없이 사악해져야 합니다. 군주에게 가장 중요한 일은 나라를 지키고 번영시키는 일입니다. 일단 그렇게만 하면, 그렇게 하기 위해 군주가 무슨 짓을 했든 상관없이 칭송받게 될 것이며, 위대한 군주로 추앙받을 것입니다."

마키아벨리즘Machiavellism이라고 하면 '목적을 위해서 수단과 방법을 가리지 않는 비열함'의 뜻으로 흔히 사용된다. 틀린 말도 아니다. 그러나 도덕적 견지에서 그를 악마의 대변자로 비난하는 것으로 끝나서는 안 된다. 나라를 번영시키는 일에 '선악'의 잣대를 들이대는 것은, 선한 마음으로 선하게 행동해서 나라를 지키고 번영시키겠다는 것은 욕심이다. 적어도 마키아벨리는 그렇게 보았다. 둘 다 얻는 것은 거의 불가능하니, 하나만 선택해야 한다면 나라를 지키는 것이 우선이다. 그러기 위해서 악해지고, 비열해지고, 신앙심을 버려야 한다면 기꺼이 그렇게 해야 한다. 그것이 마키아벨리의 최우선 과제였고, 최선의 방법이었다.

그가 죽은 후 오랫동안 마키아벨리라는 이름은 '위대한 이름'이 되지 못했다. 1559년 교황청은 마키아벨리의 책들을 금서 목록에 집어넣었고, 종교개혁 당시의 개혁자들도 가톨릭의 악행을 성토할 때 "마키아벨리 같은 악마의 책을 읽는 자들이라 그렇다"고 했다.

〈군주론〉은 악마의 책이요, 마키아벨리는 악마인가. 과연 그럴까

마키아벨리가 태어난 이탈리아는 고대 로마 제국의 영광이 서린 땅이었지만, 476년 서로마 제국이 게르만족 용병대장 오도아케르에게 멸망한 뒤 중심 세력의 부재로 사분오열되었다. 그러다가 11세기 유럽의 정치적 안정과 경제적 번영에 힘입어 베네치아, 제노바, 밀라노, 피렌체 등이 지역적 중심이자 거대한 상업도시로 등장했다. 이런 도시들은 귀족들과 상인들의 자치조직이 결성되어 자치도시로 발전했는데, 이후 해당 도시들이 각기 세력을 확장해가면서 이탈리아 반도 전체가 각축장이 되었다. 이탈리아의 정치 상황이 불안정한 것은 당연한 결과였다. 게다가 외부에서 에스파냐, 프랑스, 신성로마제국 등이 끊임없이 간섭해왔다.

이탈리아의 한 도시국가 피렌체도 불안정하기는 마찬가지였다. 단테 시대 이후 피렌체는 줄곧 심각한 격동기였고, 유혈 당파싸움이 끊이지 않았다. 어느 가문도 피렌체의 안정을 가져오지 못했고, 이탈리아는 끊임없는 불안 속에 있었다.

"비참한 땅에서 피 흘리는 아아 비굴한 이탈리아여. 거대한 폭풍우 속에서 선원이 없는 배여. (단테)*"*

물론 중세 유럽이라면 어디든 분열과 혼란 속에 있었다. 그러나 프랑스, 에스파냐, 영국은 강력하지는 않아도 어엿한 왕이 있었고, 그 왕을 중심으로 나라 전체가 한데 뭉쳐 국민국가로 나아가려는 움직임이 있었다. 하지만 이탈리아에는 그런 구심점이 없었다. 북부는 신성로마제국 황제가 지배권을 주장하다가 13세기 이후 밀라노, 베네치아, 제노바 등 여러 도시들이 땅을 나누어 차지했고, 중부는 로마 교황청의 세력이 앞서는 가운데 시에나, 피렌체 등이 분립했으며, 남부는 노르만, 비잔티움, 이슬람 등에게 계속 정복되던 끝에 나폴리 왕국의 지배에 놓였다.

이처럼 잘게 나뉜 이탈리아는 서로 전쟁을 벌이며 대립하는 일이 끊이지 않았으며 정치체제도 군주국, 공화국, 신정정치체제 등 다양했다. 이런 상황 아래에서 '하나의 정부와 하나의 체제를 갖춘 강력한 통일 이탈리아'를 바라는 목소리가 나온 것은 당연할 귀결이었다.

자신만의 대포를 만들어 이탈리아를 도우려 했던, 《군주론》의 모델이라고 여겨지는 보르자와의 만남

마키아벨리는 이런 시대상이 낳은 사람이자 그 시대의 염원을 실현하기 위해 평생을 걸었던 사람이었다. 그러나 직접 군대를 이끌고 적을 무찌를 수도, 그 군대를 강력하게 해줄 대포를 만들 수도 없었던 마키아벨리는 자신이 공부한 인문학에서 나름대로 '대포'를 만들어내어 통일의 걸림돌이 되는 낡은 사상과 관습을 부숴버리려 결심했다.

마키아벨리는 29살이 되던 1498년에 피렌체 공화국에 발탁된 후 14년 동안 많은 외교적 임무를 띠고 외국에 파견되었다. 그는 이러한 외교사절의 임무를 수행하면서 훗날 자신의 정치적 저작에 사상적 단초가 되는 정치 현실을 경험했다. 즉 그는 후일 《군주론》의 직접적인 소재가 되는 당대의 정치적 지도자들과 직접 접촉했다.

루이 12세, 체사레 보르자, 교황 율리우스 2세, 신성로마황제 막시밀리안 1세, 에스파냐의 페르난도 2세 등이었다.

마키아벨리는 그들의 인물됨과 행동방식을 그리스 로마 고전에 나오는 인물들과 비교해가며 통치술과 국제정세, 정치에 대한 지식과 지혜를 차곡차곡 다져갔다. 그 중에서도 체사레 보르자와의 만남은 마키아벨리로 하여금 지도자의 행동을 관찰할 수 있는 최상의 기회를 제공했다. 마키아벨리는 그를 통해 어떻게 전쟁을 수행하는가 하는 안목과 정치적인 많은 영감을 얻었다.

"초인적인 용기의 소유자이며, 막후의 비밀공작에 능숙하고…… 놀랄 만큼 빠르게 결단을 내리고, 실행에 옮긴다."

_ 마키아벨리가 피렌체에 보내는 보고서

"교황의 아들로 태어난 운에 너무 의존했다"

_《군주론》

마키아벨리는 로마에 갔을 때 교황의 아들 체사레 보르자에게 강한 인상을 받았다. 보르자에게서 마키아벨리는 이탈리아 통일을 이뤄낼 영웅의 모습을 보았다고 흔히 이야기된다. 하지만 얼마 후 그는 체사레 보르자에게 실망하는데, 마키아벨리가 보기에 보르자는 자신의 능력을 너무 과신하여 신중하지 못한 행동을 거듭하다가 끝내 실패하고 말았다.

마키아벨리가 말하는 군주의 모습 그가 이야기하는 《군주론》

《군주론》의 내용은 처음부터 끝까지 일관되다. '어떻게 군주가 권력을 달성하는가.' 마키아벨리는 군주론을 크게 두 가지로 나누어서 이야기했는데, 군주국에 대한 이야기와 군주에 대한 이야기이다. 각각 14장, 12장으로, 총 26장에 걸쳐 군주가 권력을 획득하기 위해서는 어떻게 해야 하는가에 대한 이야기로 가득 채웠다.

마키아벨리의 《군주론》은 지금까지 정치에 관해 쓴 책 중 가장 훌륭하다. 이와 가장 가까운 라이벌은 플라톤의 《국가(Republic)》일 것이다. 그러나 그 책은 정치보다 상위의 것들을 논의하고 있으며 정치를 한정적인 하급의 위치에 둔다.《군주론》은 마키아벨리의 다른 작품인《리비우스에 관한 논고》에 비해 간결하고 핵심적인데, 당시 바쁜 생활로 인해 책 읽을 시간이 별로 없던 군주인 로렌초 메디치를 위해 쓰였기 때문이다. 그렇기 때문에 현직 정치가에게 정치가 정치적이지 않은 그 어떤 것들로부터 제한받지 않아야 한다는 조언을 담은《군주론》은《리비우스에 관한 논고》보다 훨씬 더 훌륭한 작품인 것이다.

그러나 이 책에서 가장 주목할 점은 이전의 사상가들과는 달리 마키아벨리는 군주의 도덕성 같은 가치를 전혀 강조하지 않았다는 점이다. 마키아벨리는 오히려 필요하다면 도덕에 반하는 행동이라 할지라도 그대로 행하고 그것은 정당한 과정이라고 말했다. 과정은 그에게 전혀 중요한 것이 아니었다. 그에게 중요한 것은 오직 결과였던 것이다. 즉 권력달성이 성공했느냐 실패했느냐를 중요하게 여겼던 것이다. 예를 들어 그는 하나의 국가를 탈취할 때 정복자는 그가 필요하다고 여기는 모든 악한 행동에 대해서 항상 염두에 두어야 하며, 이 행동은 여러 번 반복하지 않고 단 한 번에 해치우는 것이 중요하다고 그는 말했다.

이러한 이유로 우리는《군주론》이 정치에 관해서 가장 훌륭한 책이며 동시에 가장 불명예스러운 책이라는 사실을 인정할 수밖에 없다. 이 책은 그 후 내내 마키아벨리즘 정치라고 불린 정치를 제안하고 있다는 점에서 불명예스럽다. 즉 죄를 지어도 신의 처벌이나 양심의 가책으로 인해 처벌받지 않으리라는 것인데 '나쁜 짓을 하고도 벌을 면할 수 있다'는 생각이《군주론》이 말하는 정치의 핵심인 것이다. '얻을 수 있는 것을 얻는 자는 칭찬을 받을 것이며 원망 받지 않을 것'이기 때문에 성공한다면 죄의 불명예스러움을 감당하지 않아도 된다는 말이다. 이 논리대로라면 파렴치한 범죄자는 단지 승리하지 못한 실패자일 뿐이다.

마키아벨리와 마키아벨리즘 정치는 불명예스러움에 맞설 준비가 되었기 때문에 훌륭할 수도 또는 불명예스러울 수도 있다. 그 판단은《군주론》을 읽는 독자들의 몫이 될 것이지만, 그 당시의 정치 상황이나 현재의 상황이나 하등 다를 바가 없다. 무엇이 선이고 무엇이 악인지 단정 지어 이야기 할 수 있는 것은 아무것도 없다.

우리가 존경해 마지않는 고대의 영웅들도 때로는 거짓말도 하고, 잔혹한 살육도 저질렀다. 야심을 품고 쿠데타를 꿈꾸는 무리와 맞서 싸우고 그들을 살육하지 않으면 지도자뿐 아니라 전 국민이 위험에 처하게 된다. 그런데도 자기 영혼이 지옥에 떨어질 것만 겁내서 손을 쓰지 말아야 한다고 쉽게 말할 수 있을까?

'필요할 때는 주저 없이 사악해져라', '오로지 선만으로는 권력을 지킬 수 없다', '덕이 없어도 그것을 갖춘 것처럼 위장하라'는 마키아벨리의 메시지는 도덕 따위는 의미가 없다는 니힐리즘이 아니며, 더 큰 도덕을 위해서는 세세한 부분에서 악덕을 행할 필요도 있다는 뜻이었다. 그것이 마키아벨리가 꿰뚫어본 정치의 본질이었다.

그러나 마키아벨리를 변호하여 말한다면, 그가 악랄한 술책을 인간의 본성으로서 옹호한 것이 아니라는 것을 상기해야 한다. 마키아벨리는 자신의 탐구 분야를 핵물리학자가 연구 영역을 대하는 것과 똑같은 태도로

'선악'을 넘어서고 있다. 그의 논의는 누군가가 만일 권력을 획득하고 싶으면 냉철해야 한다는 것이다. 그러한 행위가 선이건 악이건 그것은 전혀 다른 문제이며, 이 문제에 대해 마키아벨리는 관심을 갖지 않았다. 그가 이 문제에 대해 관심을 기울이지 않았다는 이유로 그를 비난할 수는 있겠지만 당시 권력자들의 정치적 술책에 대해 논했다고 그를 비난하는 것은 적절하지 못한 일이다.

_버트런드 러셀《서양의 지혜》

마키아벨리의 사상을 참고한 장 자크 루소와 새뮤얼 애덤스는 그의 사상에 자신의 정치사상을 엮어냈고, 이는 각각 프랑스 대혁명과 미국 독립혁명에 영향을 주었다. 또한 현대 이탈리아의 사회주의자 안토니오 그람시는 고독하고 영웅적인 투쟁을 하는 마키아벨리의 '군주'에서 사회주의 정당이 가져야 할 모습을 보았다. 환경과 시대가 변하고 사람들의 생각과 가치도 발맞춰 변하면서 마키아벨리에 대한 생각과 《군주론》을 대하는 태도에 많은 변화가 생겼다. 그러나 그 태도가 무엇이든, 오늘날 마키아벨리를 긍정하는 사람이든 부정하는 사람이든 그가 근대 정치사상의 주춧돌을 놓은 사람이라는 점에는 이견이 없을 것이다.

고대와 중세의 전통적인 사상과 도덕에 반기를 들었던 최초의 근대 철학서인 《군주론》은 르네상스라는 시대적 틀을 걷어내고 바라볼 때 아주 명쾌한 정치철학서이며, 세상살이의 지혜를 제시하는 고전이다.

하루하루 격변하는 정치세계에 있는 지도자들에게는 리더십과 처세술이, 개개인에게는 험난한 인생의 지침이 될 실용철학서 《군주론》은 이 시대를 살아가는 모든 사람들에게 꼭 필요한 고전이다.

| 니콜로 마키아벨리 연보 |

1469년 5월 3일 이탈리아 피렌체에서 태어났다. 아버지 베르나르도는 변호사로 어느 정도 비중이 있는 집안 출신이었다.

1481년 파올로 다 론실리온의 학교를 다녔다.

1489년 피렌체대학에서 마르첼로 아드리아니Marcello Adriani 강의를 들었다.

1498년 대위원회에서 피렌체 공화국 제2장관으로 인준되었고, 10인 전쟁위원회 비서로 선출되었다. 주로 외교사절의 임무를 수행했는데, 최초의 활동은 10인 전쟁위원회 대표로 피옴비노의 통치자에게 파견된 것이었다.

1499년 카테리나 스포르차 리아로에게 파견되었다.

1500년 프랑스의 루이 12세 궁정에 파견되었다.

1501년 마리에타 코르시니Marietta Corsini와 결혼했다. 슬하에 여섯 아이를 두게 된다.

1501년 12월 체사레 보르자를 수행하여 체세나와 세니갈리아에 갔다.

1503년 1월 보르자의 궁정에서 피렌체로 돌아왔다가, 4월 시에나 군주 판돌포 페트루치에게 파견되었다. 10~12월 교황 율리우스 2세 선출에 대한 정보 수집을 위해 로마 교황청에 파견되었다.

1504년 1월 루이 12세의 궁정에 두 번째로 파견되었다. 7월 판돌포 페트루치에게 두 번째로 파견되었다.

1505년 마키아벨리가 제안한 피렌체 시민군 재건 계획이 승인되었다.

1506년 1월 피렌체 북쪽 무겔로에서 시민군 충원을 도왔다. 8~10월 교황청에 두 번째로 파견되어 율리우스 2세 교황을 수행하여 비테르보, 오르비에토, 페루지아, 우르비노, 체세나, 이몰라를 방문했다. 12월 대위원회가 창설한 피렌체 민병대 감독기구(9인 위원회)의 비서로 임명됐다.

1507년 신성로마제국의 황제 막시밀리안 1세에게 파송되었다.

1509년 막시밀리안 황제의 베네치아 전쟁 지원금을 보내려고 파견되었다.

1510년 프랑스에 세 번째로 외교 사절로서 파견되었다.

1511년 교회위원회에 반대하는 피렌체 측에 고용되었다. 프랑스에 네 번째로 파견되었다.

1512년 11월 7일 메디치가의 복귀로 장관직에서 해임되고, 사흘 후 피렌체 영내 거주 1년형을 선고받았다.

1513년 2월 반(反)메디치가 음모 가담 혐의로 기소되어 재판 및 고문을 받고 투옥되었다. 3월 11일 교황 레오 10세 즉위로 대사면령이 내려져 감옥에서 석방되었다. 4월 피렌체 남쪽에서 7마일 떨어진 산트 안드리아 농장에 은둔하며 글쓰기에 몰두했다. 12월 《군주론》 초고를 완성하여 메디치가의 젊은 군주 로렌초에게 바쳤다.

1515년경 피렌체 오르티 오리첼라리Orti Oricellari에서 코시모 루첼라이가 주재하는 토론 그룹에 참석하기 시작했다. 《로마사 논고(Discorsi)》를 루첼라이에게 헌정했다.

1518년 《만드라골라(Mandragola)》를 집필했다.

1519년 《로마사 논고》를 완성했다.

1520년 《전술론(Arte della guerra)》과 《카스트루치오 카스트라카니 다 루카의 생애(La vita da Castruccio Castracani da Lucca)》를 썼다. 11월 추기경 줄리오 데 메디치(Giulio de' Medici. 교황 클레멘스 7세)로부터 〈피렌체 역사〉를 기술해달라는 위촉을 받았고, 메디치가 사료 편찬관으로 임명되었다.

1521년 마키아벨리 생전에 출간된 유일한 정치사상 서적 《전술론》을 출간했다.

1525년 교황 클레멘스 7세에게 완성된 《피렌체사(Istorie fiorentine)》를 증정하기 위해서 로마를 방문했다. 성곽 방비를 위한 '5인 위원회' 위원장으로 임명되었다.

1526년 《만드라골라》의 내용을 추가해서 교정했다.

1527년 6월 21일 58세의 나이로 사망, 이튿날 산타크로체 성당에 묻혔다.

1531년 《로마사 논고》가 출간되었다.

1532년 《군주론》과 《피렌체사》가 출간되었다.

1537년 《클리치아》가 출간되었다.

1559년 교황청이 《군주론》을 금서로 지정했다.

옮긴이 **이시연**

덕성여자대학교에서 경영학을, 시에나 국립대학에서 이탈리아어를, ADFF (Acca-demia Di Fotografia Firenze)에서 상업사진을, Studio Fotografico Marangoni에서 Fine arte를 공부했다. SAM3, Studio fotografico Angelo Rosa, 무역회사 Burani interfood 등에서 통·번역을 담당했고, 현재 이탈리아 모데나에 거주하며 통·번역 프리랜서로 활동하고 있다. 《신곡-인페르노》《군주론》《피노키오》를 번역했다.

문고판 금장 에디션

군주론 : 오리지널 초판본 표지디자인

초판 1쇄 펴낸 날 2024년 7월 31일

지은이 니콜로 마키아벨리
옮긴이 이시연
펴낸이 장영재
펴낸곳 (주)미르북컴퍼니
자회사 더스토리
전화 02)3141-4421
팩스 0505-333-4428
등록 2012년 3월 16일(제313-2012-81호)
주소 서울시 마포구 성미산로32길 12, 2층 (우 03983)
E-mail sanhonjinju@naver.com
카페 cafe.naver.com/mirbookcompany
SNS instagram.com/mirbooks

• (주)미르북컴퍼니는 독자 여러분의 의견에 항상 귀 기울입니다.
• 파본은 책을 구입하신 서점에서 교환해 드립니다.
• 책값은 뒤표지에 있습니다.